项目资助

云南大学马克思主义学院著作出版专项经费资助
云南大学研究生创新人才培养项目子项目——"研究生专业核心课程高水平教材建设"成果

杜敏 / 著

不丹的政治变迁与构建

中国社会科学出版社

图书在版编目（CIP）数据

不丹的政治变迁与构建／杜敏著．—北京：中国社会科学出版社，2022.9
ISBN 978 - 7 - 5203 - 7450 - 7

Ⅰ.①不…　Ⅱ.①杜…　Ⅲ.①政治制度史—研究—不丹　Ⅳ.①D735.79

中国版本图书馆 CIP 数据核字（2020）第 210087 号

出 版 人	赵剑英
责任编辑	陈雅慧
责任校对	王　斐
责任印制	戴　宽

出　　版	中国社会科学出版社
社　　址	北京鼓楼西大街甲 158 号
邮　　编	100720
网　　址	http://www.csspw.cn
发 行 部	010 - 84083685
门 市 部	010 - 84029450
经　　销	新华书店及其他书店

印　　刷	北京明恒达印务有限公司
装　　订	廊坊市广阳区广增装订厂
版　　次	2022 年 9 月第 1 版
印　　次	2022 年 9 月第 1 次印刷

开　　本	710 × 1000　1/16
印　　张	10.5
字　　数	120 千字
定　　价	68.00 元

目　　录

前　　言

不丹，中国的一个特殊邻国。这个以"幸福"而著称的国度，对国人来说却充满了神秘色彩。

长期与世隔绝的神秘感，让它越发演绎为外人所称道的不朽的传奇。彭筱军在《不丹幸福的真相》一书中，如此记述不丹的静谧，"不丹，这个清净无染的佛国，是全球幸福指数最高的国家之一，森林覆盖率超过72%，全民信佛、全面戒烟、全民环保，国民幸福指数高达97%"。在不丹的推动下，联合国大会于2012年6月28日通过的第66/281号决议中宣布每年3月20日为国际幸福日。

不丹是南亚次大陆的一个内陆国家，地处喜马拉雅山东南麓，北接中国，南临印度。国土面积3.8万平方公里，人口74.5万人，56.3%的人从事农业生产。由于生产力发展水平和特殊的区域位置的局限，不丹没有充分融入全球化的进程。不丹传递给世界的最多的信息是它的碧蓝的天空、古老的庙宇、恬静的生活。2008年，不丹第五世国王吉格梅·凯萨尔·纳姆耶尔·旺楚克登基。在五世国王的力推下，不丹石破天惊地进行了一场轰轰烈烈的政治改革。《恩格斯致尼古拉·弗兰策维奇·丹尼尔逊》中曾指出："一切政府，甚至最专制的政府，归根到底都不过是本国状况的经济必然性的执行者。它们可以通过各种方式——好的、坏的或不好不坏的——来执行这一任务；它们可以加速或延缓经济发展及其政治和法律的结果，可是最终它们还是要遵循这种发展。"① 的确，不丹在现代与传统，文明与落后，生产落后与政治发达之间进行了一次大胆的尝试。吉格梅·凯萨尔·纳姆耶尔·旺楚克以世界眼光、民主精神将不丹带入了政治现代化阶段。我国政治学者柴尚金在《政党与民主新论》中曾说过，"在民主转型中，政党是关键性的力量。不管是作为民主化的推动力，还是在作为民主化标志的选举活动中，政党均不可或缺"。②

相应地，2008 年不丹繁荣进步党与不丹人民民主党率先登上了国民议会选举的政治舞台。从此，代议制政党政治成了不丹政治生活的主要方式。不丹的政党政治生活成了世界关注和了解不丹发展的一个窗口。不丹在 2008 年进行第一次民主选举后，分别于 2013 年、2018 年举行了两次议会选举。

本书从不丹政治生活变化的历史流变出发，立足于不丹国家政治样态，充分关注当代不丹政治变迁，在分析不丹的政党政治模式的基础上，探讨政治变迁的动因和未来可能的发展走向。

---

① 《马克思恩格斯文集》第 10 卷，人民出版社 2009 年版，第 626 页。
② 柴尚金：《政党与民主新论》，中国民主法制出版社 2018 年版，第 2 页。

第 一 章

不丹的历史概况

第一节　20 世纪之前的不丹历史

考古研究表明，早在公元前2000年不丹就有人类居住的痕迹，然而，历史学家们并没有找到能够证明这段历史的史料数据。有文字记载的不丹历史是伴随着宗教发展而日渐清晰起来的，尤其是佛教传入不丹，改变了这个国度的文化类型和生活方式。

在佛教传入不丹之前，人们主要信奉苯教，崇拜自然元素和向当地神灵供奉动物。在 8 世纪左右，仁波切（Guru Rinpoche）大师的到来，才播下了佛教的种子。[1]

历史学家以及不丹本国的相关研究学者通常将不丹的历史分为"早期""神权时期""王权时期"以及"现代"四个阶段。[2] 公元 7 世纪起不丹为吐蕃王朝属地，直到 9 世纪成为独立

---

[1]　Nari Rustomji, *BHUTAN: The Dragon Kingdom in Crisis*, Oxford University Press, 1978, p. 4.

[2]　朱在明、唐明超、宋旭如编著：《当代不丹》，四川人民出版社1999年版，第27—59页。

部落，这段时期被称为"早期"。据记载，历史上的不丹曾是中国西藏（即吐蕃）的一个边远地区。不丹在地理位置上距西藏地方政府所在地拉萨较远，其间又隔着长年积雪的喜马拉雅山，与拉萨之间的交通极为不便，加之西藏长期的教派斗争和宗教割据，从而对这一地区也逐渐放松管理。久而久之，不丹就成了一个独立的部落。① 7 世纪初，为镇住喜马拉雅地区的"食人女魔"，藏王松赞干布（617—650）在西藏腹地修建了 4 座佛堂，在偏远的地区修建了 8 座佛塔，其中有两座修建在不丹。一座位于不丹西部帕罗的基楚（*Kyichu*，建于公元 649 年）；另一座位于不丹东部布姆塘河谷的加姆帕（*Jampa*，建于公元 640 年），这两座佛塔便是不丹最早的寺庙。公元 747 年，藏传佛教宁玛派的印度上师莲花生大师来到不丹，相传他是骑着一只飞虎现身的——待在帕罗山谷一个悬崖上的静修岩洞里。② 莲花生大师在不丹更为流行的称号是古鲁（*Guru*），这一称号来自中国西藏对他的称谓"Guru Rimpoche"。③ 中国西藏在朗达玛统治时期（836—842），僧人大量流入不丹的西部河谷地区。11 世纪至 12 世纪再次出现中国西藏的人向不丹移民的浪潮。12 世纪后，藏传佛教竺巴噶举派的力量不断壮大，逐渐成为执掌不丹世俗权力的教派。12 世纪、13 世纪的不丹处于宗教的纷争中，这种教派之间的斗争一直延续到 17 世纪，才略微

---

① 朱在明、唐明超、宋旭如编著：《当代不丹》，四川人民出版社 1999 年版，第 27 页。

② ［不丹］多杰·旺姆·旺楚克：《秘境不丹》，熊蕾译，九州出版社 2012 年版，第 29 页。

③ Nari Rustomji, *BHUTAN: The Dragon Kingdom in Crisis*, Oxford University Press, 1978, p. 4.

有所改变。

17 世纪到 20 世纪（1616—1907），不丹处于"神权时期"。1616 年，竺巴噶举派的吉亚家族后裔阿旺·纳姆加尔（Ngawang Namgyal）来到不丹。在不丹本地欧姆错家族的盟友支持下，逐渐战胜了其他敌手，控制了整个国家。在宗教文化上，阿旺·纳姆加尔以"沙布东"（"Shabdrung"）为称号自立为不丹的最高宗教和政治首领。第一世沙布东没有废除宁玛派，但是在保留宁玛派的前提下，赋予自己的僧团——竺巴噶举派以特有的仪式和崇拜方式。为了巩固自己的统治地位，进一步控制不丹，1637 年沙布东一世仿照当时中国西藏的统治形式，设立了掌管宗教事务的高级官职"基堪布"（Je Khenpo，即"大方丈"）和实施职位等级制度，并向各寺院指派了一名高级喇嘛负责寺庙和佛教事务的管理。向寺庙派驻的高级喇嘛被称为"翁泽"，在此基础上建立了寺庙的管理体系。[1] 1650 年，沙布东又模仿西藏当时的摄政机构设立了伦吉措克（即咨询会议），1651 年设立了"德鲁克·德西"（"Druk Desi"）职位（俗称"德布王"），并把世俗的最高权柄交给德布王。在行政体制上，不丹被划分成东、中、西三个地区，每个地区任命一名"乞拉"（后改称为"笨洛布"，即"Penlop"）来执行行政任务，对地区进行管理，每个地区下设若干宗[2]，宗下辖若干村，这样不丹最终确立了政教合一的政体。[3]

---

① ［印度］拉姆·拉合尔：《现代不丹》，四川外语学院《现代不丹》翻译组译，四川人民出版社 1976 年版，第 22—23 页。

② 宗，或称宗卡，不丹的行政单位——区，目前全国共 20 个这样的区。

③ 朱在明、唐明超、宋旭如编著：《当代不丹》，四川人民出版社 1999 年版，第 31 页。

阿旺·纳姆加尔建立的政府体系统治了不丹近 300 年。阿旺·纳姆加尔成为国家元首，授予自己沙布东的头衔，掌控着宗教和世俗部门组成的双重行政系统。这个系统的宗教分支由拥有不丹佛教寺院权威的基勘布领导，而世俗事务的行政分支由德鲁克·德西领导。由地区领导人和沙布东的亲信组成的伦吉措克每三年选举一次沙布东。1651 年阿旺·纳姆加尔去世，不丹因此再次陷入权力争夺的旋涡中。沙布东的继承方式与世袭制不同，它依托佛教所认同的"转世"来确定继承人，而世俗的各种精英、团体势力都不愿接受宗教力量的统治。集最高的宗教权威和政治权力于一身的沙布东对后来不丹历史的发展产生了很大的影响。世俗的领导者德鲁克·德西这个职位也不是世袭的，更没有一个平稳的继承机制。因此，这个国家在失去核心权力人物后经历了持续不断的内战和政权斗争。伴随着剧烈的权力斗争，是频繁的政权更迭。1651—1907 年，至少有 54 位德鲁克·德西掌控过不丹的世俗政权，而其中超过一半的人未能完成三年的完整任期，许多德鲁克·德西"死于刀剑、毒药或魔法"。[1] 所以，沙布东的继承问题是神权时期的不丹最重要的政治问题，直到 1907 年初世袭君主制建立以前国内几乎没有安宁可言。[2] 不丹内战频繁的混乱局面因 1907 年的政治变革而结束。

---

[1] Tashi Wangchuk, "The Middle Path to Democracy in the Kingdom of Bhutan", *Asian Survey*, Vol. 44, No. 6 (November/December 2004), pp. 836 – 855.

[2] Marian Gallenkamp, "Democracy in Bhutan: An Analysis of Constitutional Change in a Buddhist Monarchy", 参见印度新德里和平与冲突研究中心研究论文 (Institute of Peace and Conflict Studies Research Papers), March 2010. http://www.ipcs.org/issue_select.php? recNo = 344.

第二节　20世纪的不丹历史概述

20世纪初期在结束双重政体后，不丹旺楚克王朝诞生了。旺楚克王朝的世袭君主制于1907年建立。1907年12月17日，乌颜·旺楚克（Ugyen Wangchuk）统一了世俗与宗教权威，战胜了自己的竞争对手，成为不丹第一位世袭君主。不丹国王被称为"Druk Gyalpo"，意思是"龙王"。"龙王"也象征着国王的最高威严。

乌颜·旺楚克之所以能在不丹取得世俗政权变革的成功，其中一个重要因素是他在20世纪初期得到了英国殖民者的支持。

1901年和1903年，不丹当时的德布王和沙布东相继去世后，大活佛耶舍·鄂杜勃身兼双职，便将世俗事务交给当时的通萨（Trongsa）笨洛布乌颜·旺楚克管理。这样，乌颜·旺楚克便掌控了不丹的实权。

19世纪末20世纪初期，乌颜·旺楚克在对外关系上采取的立场，迎合英国在中亚抑制俄国影响力的需求，从而使不丹投向英国怀抱。在1903年至1904年英国侵略中国西藏的战争中，不丹向英国侵略者提供了大量人力、物力支持。从1894年至1902年，英国屡次通过施压清朝中央政府，企图迫使西藏地方政府遵行第一次侵藏后签定的条约，但均未能使西藏地方政府和十三世达赖喇嘛就范。1895年开始亲政的十三世达赖，十分痛恨英国侵藏，他看出依靠清廷抗英希望不大，在沙俄的拉拢下，遂产生了"联俄靠俄"的想法，并与沙俄进行了一些联系与接触。英国十分顾忌沙俄势力插足西藏。为了压服西藏地方政府，排除沙俄控制西藏的可能性，英国开始筹划第二次武装侵略西藏的计划。[1]

为了将西藏控制在自己手中，英国于1903—1904年派了一支由 F. E. 扬哈斯本上校率领的军事远征队入侵西藏。这个远征队得到不丹鼎力支持。扬哈斯本和不丹廷布的宗本在西藏的春丕举行了友好会晤。通萨的笨洛布乌颜·旺楚克向英国人保证进行全面合作。在对西藏的入侵中，乌颜·旺楚克甚至亲自率不丹高级官员伴随英国远征队到了拉萨。作为回报和进一步的利诱，英国政府向乌颜·旺楚克授予了爵士勋章，并馈赠重金。1906年，英国汉尔斯王子出访东印度公司期间，隆重接见乌颜·旺楚克。这次接见中，英国政府接受并支持乌颜·旺楚克提出的把不丹建成世袭君主国的意愿。乌颜·旺楚克之所以在对外关系上站在英国一边，主要出于以下几点考量：第一，英国实力强大，尤其是军事实力远远胜过中国。乌颜·旺楚克对英国军队在第二次侵藏战争中的武装实力感到吃惊[2]；第二，英国人的力量可以帮助不丹保持独立；第三，英国人的支持可以帮助自己在国内政治斗争中占得先机。

正是在英国人的帮助下，1907年12月17日，不丹的高官显贵们聚集在一起，共同商讨决定废除了沙布东，废黜了德布

---

① 徐平：《1904年西藏人民抗英斗争及其历史意义》，《西藏大学学报》（汉文版）2004年第3期。

② 1904年英军在荣赫鹏的指挥下，在骨鲁以伤亡不足10人的代价，用当时世界上最先进的武器野蛮屠杀了使用大刀长矛的西藏人民近千人。参见梁俊艳《荣赫鹏与英国在新疆和西藏的殖民扩张》，《西域研究》2012年第1期。

王，并一致推选当时最有实力的笨洛布乌颜·旺楚克为第一任竺加布（即国王，"DrukGyalpo"）。不丹从此开始了世袭君主制，近300年的神权统治宣告结束。乌颜·旺楚克国王上台后，废除了中央集权的双重行政体制。依托宗教的意识形态来进行思想控制的神权体制结束，会对乌颜·旺楚克的统治产生一定的负面影响，但不会从根本上撼动国王的地位。乌颜·旺楚克国王迎合英国政府的要求，对国内诸多领域进行了改革，如在教育中引进西方模式的学校教育、管理制度，加强基础设施、通信设施建设，鼓励与印度发展商业、贸易关系，从而开启了现代化的进程。在意识形态上，乌颜·旺楚克通过复兴佛教寺院制度，继续培育、发展传统的宗教信仰。

1910年1月，不丹派出了由竺加布和宣政院成员共同参与的谈判团队同英国在普那卡签订了《普那卡条约》。《普那卡条约》使不丹在外交上更加依赖英国殖民者。按照修订的条约，不丹政府同意"在对外关系上接受英国的指导"。英国政府保证不干涉不丹内政，并从1910年1月10日起把每年给不丹的补助金从五万卢比增加到十万卢比。《普那卡条约》的签署让不丹得到了"宗主国"的"保护"而获得了和平，但是在国家主权上失去了独立性。这一结局对不丹未来的发展造成了深远影响。直到今天，不丹在争取国家主权完全独立的斗争中依旧难以摆脱对英国殖民者的"继承人"印度的依赖。

1926年8月21日，乌颜·旺楚克国王逝世，其长子吉格梅·旺楚克（Jigme Wangchuck）继位。吉格梅·旺楚克1926年登上不丹王位时只有21岁，只比"现代不丹"大2岁。他的父亲为了把他培养成继承人，让他接受严格的传统佛教教育，学习英语和印地语，并要求他在法庭和其他同事一起工作。

1922 年，吉格梅·旺楚克被任命为通萨的首席礼仪官。同年，他娶了他的表妹阿什·蓬措·乔登（Ashi Phuntsho Chöden）。一年后，他成为通萨的行政长官，之后正式继承王位。吉格梅·旺楚克统治的开始并不是一帆风顺的。对年轻的君主政体和年轻的新国王来说，最危险的人，前"沙布东"家族以沙布东转世重生的名义卷土重来，沙布东和他的家人甚至在 1931 年访问印度，寻求甘地的帮助，以恢复沙布东的世俗权力。① 不久之后，也就是 1931 年 11 月，"转世"的沙布东在塔洛（Talo）英年早逝，此次的权力之争告一段落。

为应对新世俗君主制面临的种种可能的威胁，吉格梅·旺楚克在国内任命皇亲国戚担任国家要职，以加强对国内的控制。1927 年 3 月 14 日，他提出了几项重要的改革措施，包括重新调整税收制度，废除冗余的闲职，并成立内阁来协助管理。吉格梅·旺楚克国王的统治以稳定国内形势为主要任务，对不丹的政治机构进行了重组，并大幅度降低人民的税收以安抚民众。

在对外关系上，吉格梅·旺楚克继续依附英印势力。在 1948 年底，吉格梅·旺楚克国王派出一个代表团到新德里讨论不丹和印度的关系问题。独立后的印度，坚持英国殖民者时期的统治者身份，在"尊重不丹的自主与独立"的前提下继续掌控不丹。而不丹却一直试图摆脱来自印度的束缚，争取国家的独立主权。1948 年至 1949 年，吉格梅·旺楚克继续与印度政府就主权等问题进行谈判。1949 年 8 月 8 日，不丹在大吉岭与

① "History"，http://www.bhutanvisit.com/bhutanvisit/history/.

印度签订了《永久和平与友好条约》。该条约的第二条规定，
"印度政府保证不干涉不丹的内部管理事务。不丹政府同意在
其对外关系上以印度政府的建议为指导"。此外，条约还规定
了印度每年付给不丹50万卢比的补偿金。国际上以及学术界对
印度掌控不丹外交、干涉不丹主权的做法，给出了许多批评。
这些批评主要针对印度对不丹主权的钳制，认为"该条约不允
许不丹在其对外关系中享有充分的自治权；它'将帝国主义遗
产规则化'，扼杀了不丹与邻国平等合作、开创自己未来的雄
心；条约自签署以来一直影响着不丹的国家地位；条约的第2
条成为稀释不丹主权的工具"①，许多外界人士和不丹民众都将
其视为不平等条约。20世纪60年代之前，不丹一直处于孤立、
封闭的状态。随着不丹现代化进程的开启以及它不断地走向世
界舞台，其对内改革、对外争取完全独立主权的需求越来越强
烈，呼声也越来越高。

　　吉格梅·旺楚克国王1952年3月30日病逝后，他的长子
吉格梅·多吉·旺楚克（Jigme Dorji Wangchuck，1952 –
1972）于当年10月27日被加冕为新国王。吉格梅·多吉·
旺楚克1929年5月2日出生在不丹通萨的普勒邦宫
（Thruepang Palace），是吉格梅·旺楚克国王和他的第一任妻
子所生。吉格梅·多吉·旺楚克在皇宫接受传统教育，之后
在印度和英国完成学业。他曾经游历世界多个国家，去过欧
洲的许多地方，了解到世界发达国家如何建设一个现代化的

---

① Arif Hussain Malik, Nazir Ahmad Sheikh, "Changing Dynamics of Indo-Bhutan Relations: Implications for India", *International Journal of Political Science and Development*, Vol. 4 （2）, pp. 44 – 53, February 2016.

国家，这些经历为吉格梅·多吉·旺楚克国王在20世纪50年代的改革奠定了基础。

吉格梅·多吉·旺楚克国王的统治开创了不丹的新时代。他的首要任务是在国内进行政治改革，其中最重要的政治举措是建立一院制的国民议会。1961年，吉格梅·多吉·旺楚克还制定了第一个五年发展计划，使不丹走上了国家计划发展的道路。该计划投入资金为1.747亿卢比，用于电力、通信系统、交通、农牧业等基础设施建设。其中用于公路建设的资金为6200万卢比，教育资金为1000万卢比，运输建设资金750万卢比，健康领域投入320万卢比，森林植被建设投入320万卢比，农业发展投入200万卢比，电力建设投入160万卢比，畜牧业投入150万卢比，工业建设投入110万卢比，其他项目投入8260万卢比。1965年后，在吉格梅·多吉·旺楚克的支持下，不丹建立了皇家咨询委员会（Lodoi Tshogde）。同年，吉格梅·多吉·旺楚克还建立了不丹皇家军队，并担任军队的总司令。

1961年以来，不丹国王多次公开表示要捍卫国家的主权和独立。1972年，年仅17岁的吉格梅·辛格·旺楚克（Jigme Khesar Namgyel Wangchuck）登上王位，他是不丹第四任统治者，是世界上最年轻的君主。吉格梅·辛格·旺楚克年幼时曾在印度和英国接受过现代教育。他在父亲的陪伴下长大，跟随父亲游历不丹的偏远地区，对自己的国家和人民有着最直接的了解。在父亲的影响下，他继承父亲遗志，继续推动现代化和社会经济改革。

20世纪70年代以后，不丹在第四世国王吉格梅·辛格·旺楚克的带领下，在外交领域积极谋划，主动参与国际事务，在国际社会中不断拓展作为主权国家的话语空间。不丹1971年加入联合国，1973年成为不结盟运动成员，1974年旅游业开始进入国际市场，1985年成为南亚区域合作联盟成员。2007年2月，不丹同印度签署经修订的《不印友好条约》。

不丹第五世国王吉格梅·凯萨尔·纳姆耶尔·旺楚克（Jigme Khesar Namgyel Wangchuck）生于1980年2月21日。吉格梅·凯萨尔·纳姆耶尔·旺楚克在不丹完成早期教育及高中学业，留学于美国库欣学院（Cushing Academy）和惠顿学院（the Wheaton College）。2000年，吉格梅·凯萨尔·纳姆耶尔·旺楚克在牛津大学莫德林学院（Magdalen Collegec School）继续深造，完成了外交服务课程和哲学硕士课程。吉格梅·凯萨尔·纳姆耶尔·旺楚克于2008年11月1日被加冕，正式成为不丹第五任国王。国王即位后，第一个里程碑式的发展项目是于2009年3月对土地拥有者的地籍进行重新测量，该项目旨在进一步改善土地登记的合理性以及改善不丹偏远地区人民的生活。2011年，国王创立了基都（Kidu）① 基金会。按照不丹传统文化和不丹的宪法，确保人民生活幸福是国王的基本责任。基都基金会的作用是与政府合作，解决教育、法治、民主、可持续经济发展问题以及保护国家环境与文化遗产等。

---

① 也称为"人民幸福"基金。

第 二 章

不丹政治改革的进程

第一节　20 世纪上半叶的国家发展与改革

20 世纪上半叶，不丹处于第一任国王乌颜·旺楚克（Ugy-en Wangchuck，1907—1926 年在位）和第二任国王吉格梅·旺楚克（Jigme Wangchuck，1926—1952 年在位）统治下的君主专制时期，政治大权掌握在国王手中。虽然，两任国王也尝试着进行政治改革，但是这些改革没有明显的社会效应，改革的成就并不明显。在第二任国王吉格梅·旺楚克统治时期，其政权曾受到神权的威胁，加之地方统治者的权力过大，影响到了国王的执政安全。所以吉格梅·旺楚克国王的统治以稳定、国内的政治重组和大幅度降低人民的税收为特点。吉格梅·旺楚克国王最重要的任务之一是改革国家管理体制，使政治权力集中于君主身上。在对世俗政权的管理方面，吉格梅·旺楚克建立了一套简单的等级制度，让国王能够对这个制度拥有绝对的控制权；为了能将所有的权力，无论是宗教的还是世俗的，都掌握在自己的手中，吉格梅·旺楚克在中央僧团的建议下，任命了基堪布来领导僧人。

在国家治理方面，吉格梅·旺楚克国王成立了一个由四名官员组成的内阁协助他管理国家事务，该内阁分别由国务部长（泽洪·卡伦，Zhungkalön）、礼宾司司长（泽洪·德罗尼耶，Zhungdrönyer）、宫廷大臣（泽洪·贡赞，Zhunggongzim），以及视季节而定的廷布（Thimphu）或普纳卡宗（Punakha）的领主（Dzongpön，也称为宗长或宗彭）组成。①

此外，吉格梅·旺楚克国王还任命其他一些直接向其负责的高级官员，并对某些权力过大的官职权限作出了一定限制。吉格梅·旺楚克通过自己任命宫廷大臣和礼宾司司长这两个关键职务的方式废除了达加纳（Dagana）宗长，并削减了普纳卡、廷布、旺迪波德朗宗（Phodrang Dzongpons）宗长的权力。待这些宗的宗长贵族死后，他们的空缺职位不再填补，直到1949年帕罗的宗长去世后，吉格梅·旺楚克国王逐渐地控制了全国。

第二节 20 世纪后半叶的改革

不丹的政治改革，可以追溯到 20 世纪 50 年代中期。

第三任国王吉格梅·多吉·旺楚克（Jigme Dorji Wang-chuck，1952—1972）被誉为现代不丹的"建筑师"。在他统治时期，国内政治稳定，但是君主掌握所有政治大权的封建专制

---

① 参见 "The history of Bhutan"，http：//bhutan. ims. tuwien. ac. at/ahtcde00/c - viex/j - 03 - 03 - 01/start. html.

体制与现代社会发展趋势不相称。吉格梅·多吉·旺楚克即位之后，一直致力于改革和重组不丹封建的政治与经济体制，从而使不丹王国尽快适应外部迅速变化的世界，以应对各种可能的挑战。

在国家制度改革方面，吉格梅·多吉·旺楚克国王设立了高等法院，从而使司法机关与行政机关分离，并以现代"分权"方式改革司法制度。1953 年，吉格梅·多吉·旺楚克进一步将国王拥有的行政大权分离出去，创立了国民议会（Tshogdu），并逐步扩大了它的作用和权力。1953 年，国王发布了成立国民议会的命令，正式拉开了不丹现代政治变革的序幕。在这次政治改革之初，最先成立的是一个由 36 名代表组成的"临时委员会"，其中 5 名成员来自宗教团体；16 人为国王提名的政府官员；另外 15 人是全国范围内的基层民众代表。经过充分酝酿，36 名代表共同签署了一份由 8 项条款组成的《代表人与神的人民政府宣言》。这份宣言成为不丹第一届国民议会的立法基础，后来该宣言演变为《管理国民议会运作的规则和条例》（*Rules and Regulations Governing the Functioning of the National Assembly*）。吉格梅·多吉·旺楚克国王认为，"人民代表应通过集会的方式，阐明人民的问题，解决人民的问题；议会将提出有利于王国发展和增强王国实力的计划和想法。议会将记录王国的收入以及为政府和发展目的而产生的年度支出"。① 达瓦（Dasho Kesang Dawa）任第一届国民议会议长。随着选举制度的发展，不丹国民议会成为不丹的立法机构。它根据无党派原则组建。当时，不丹的国民议会共有成员 130

---

① 参见不丹国民议会官方网站，"History of Parliament"，https://www.nab.gov.bt/en/about/parliament-history.

名，其中喇嘛代表 10 名，政府官员代表 10 名，各地人民代表
110 名。1960 年，国民议会成员增加到 150 名。国民议会的主
要职能是：（1）制定法律；（2）审批政府高级官员的任命；
（3）对国家所有重大问题向国王提出建议。国民议会在正常情
况下一年举行两次会议，但在紧急情况下可随时举行会议。会
议由议长召集。会议日程由议会秘书处根据议员的提案情况进
行安排。秘书处根据提案内容将其分类汇编后提交大会讨论。
议长、两名皇家咨询委员会成员和议会秘书组成会议日程委员
会最后审定会议日程，并将此呈报国王批准。会议在每年的春
秋（即 4 月至 5 月和 9 月至 10 月）两季召开，会期一般为两
周。① 议会选举中使用匿名投票方式。有文献记载的第一次匿名
投票选举是 1968 年国民议会第 29 届会议选举议长。不丹的国
民议会在议会民主改革之前属一院制议会。国民议会曾是不丹
的最高决策机构。直到 2008 年君主立宪制的议会民主制度引入
不丹后，国民议会才发展为两院制议会，即国家委员会（上
院）和国民议会（下院）。随着国民议会权力的扩大，它日渐
发展为制约国外权力干涉不丹内政的重要机制。

　　1968 年 11 月，国民议会通过决议，规定国王不得推翻国
民议会所做出的决定。但是如果国王对国民议会的某个决定有
疑虑，可以要求国民议会重新讨论。更令人称道的是，吉格
梅·多吉·旺楚克国王甚至极力推动国民议会约束国王权力的
改革，支持国民议会向国王发起不信任动议投票。由国民议
会发起的信任投票每三年举行一次，如果国民议会三分之二

---

① 参见朱在明、唐明超、宋旭如编著《当代不丹》，四川人民出版社 1999 年版，第
81 页。

的成员投票反对国王，就可能罢免国王。在 1968 年对国王的第一次信任投票中，据说针对出现 135 名议员投票支持国王连任的情况，国王在一些议员的协助下特别安排了两名议员反对票。①

除 1953 年成立的国民议会之外，吉格梅·多吉·旺楚克国王另一项重要的改革措施是于 1965 年成立了"皇家咨询委员会"（Lodoi Tshogde）。20 世纪国家的政治体制不断改进的过程中，不丹其他事业也不断发展。20 世纪 50 年代末期，不丹政府意识到现代教育在不丹社会发展中的重要地位，于是开始重视教育发展。但受当时不丹教育水平和教学条件的限制，许多不丹的社会精英还只能将子女送到印度的寄宿学校去上学，去学习英语，接受更多的现代教育。此外，政府官员也从全国各地寻找、发现适合的学龄儿童，以政府为其提供资助的优惠政策，鼓励父母将孩子送出国，接受国外的先进教育，为不丹储备人才。②

在吉格梅·多吉·旺楚克国王大力发展教育事业的热潮中，一些相关的文化机构发展起来。1967 年，吉格梅·多吉·旺楚克国王建立了不丹的语言文化研究中心（Simtokha Rigzhung Lob-dra），继续推动宗卡语在基础教育中的适用和发展。在吉格梅·多吉·旺楚克国王统治期间，宗卡语的使用和教学日益规范化，不丹的语言文化研究中心还设计、制定了系统的宗卡语的语音、句法和语法规则。此外，国王还创办了不丹两所知名

---

① Gyambo Sithey, Tandi Dorji, "Drukyul Decides: In the minds of Bhutan's first voters", *Tashi Loday & Bhutan Times*, Sep. 2009, p. 9.

② ［不丹］多杰·旺姆·旺楚克：《秘境不丹》，熊蕾译，九州出版社 2012 年版，第 76 页。

的公立学校：1965 年在不丹西部创办了"阳城"（Yangchenp-hug）高级中学①，1968 年在不丹东部康隆建立了谢鲁布奇（Sherubtse）学院。

除了这两所学校，在吉格梅·多吉·旺楚克国王的推动下，不丹政府在全国各地陆陆续续地建立了由政府管理和财政支持的小学，在教育方面的投资也在逐年增加。据统计，"一五"计划期间，不丹在教育方面的投资为 950 万努；"二五"计划期间教育投资增加至 3570 万努；"三五"计划期间增加到 9000万努；"四五"计划到"六五"计划期间，不丹投入的教育资金从 1.3 亿努上升至 10.62 亿努。② 随着教育经费投入的增加，不丹受教育的人的数量也在不断攀升：1961 年不丹各类学校只有 11 所，注册学生也只有 440 人，到 1966 年，各类学校增加到了 102 所，注册学生增加到 9463 人；1971 年，在关闭了一些人口分布较稀、条件设施较差的学校后，在学校数量减少了的情况下，注册学生却上升至 11900 人。③

1968 年吉格梅·多吉·旺楚克国王创立了不丹第一个部长委员会，发起了设置土地上限、废除农奴制等的改革。吉格梅·多吉·旺楚克的改革与他大力发展大众教育不无关系，建立现代教育体系，从而"产生了一个由受过高等教育的合格的

---

①　"阳城"高级中学是位于不丹廷布的一所公立男女同校学校，设有 9—12 四个年级。1965 年，由第三任国王吉格梅·多吉·旺楚克建立。词源学上，"Yangchenphug"指的是这个城市的一部分。它借藏传佛教智慧女神"Yangchen"的称谓；"Phug"的意思是"在上面"，这所学校在不丹国内更广为人知的名字是"YHS"。

②　朱在明、唐明超、宋旭如编著：《当代不丹》，四川人民出版社 1999 年版，第 229 页。

③　朱在明、唐明超、宋旭如编著：《当代不丹》，四川人民出版社 1999 年版，第 229 页。

官僚组成的机构，发展成现代统治的核心"。① 也正是在吉格梅·多吉·旺楚克统治时期，不丹启动了一项非常有效的规划系统，促使该国去实现雄心勃勃的目标即国家建设的"五年计划"。在第一个五年计划（1961—1966 年）中，优先建设道路、电力系统，通信系统，运输业、农业和畜牧业等领域的基础设施。第二个五年计划（1966—1971 年）促进了农业和教育以及国家卫生事业的进一步发展。在第三世国王吉格梅·多吉·旺楚克执政的 20 年里，不丹经济经历了巨大的结构性变化，电力事业不断推进；货币化促进了国内和国际贸易的迅速增长；随之，不丹的各项社会指标也得到了明显改善。但是改革也并不是一帆风顺的，吉格梅·多吉·旺楚克国王的种种努力，受到了保守派成员的阻挠，并导致 1964 年 4 月 5 日总理吉米·帕尔登·多吉（Jigmie Palden Dorji）被刺杀的极端事件。1964 年 12 月，甚至发生了企图推翻国王的政变。保守势力对这些改革的敌意迫使国王与传统保守主义者妥协。②

　　1972 年 17 岁的吉格梅·辛格·旺楚克即位，成为不丹第四世国王。吉格梅·辛格·旺楚克继续推动第三世国王的改革进程，发展各项民生项目。吉格梅·辛格·旺楚克在全国范围内扩大基本保健服务和初级保健项目，对人民的健康和福利产生了重大促进作用。不丹人民的人均寿命从 1960 年的 37 岁增加到 1994 年的 66 岁。吉格梅·辛格·旺楚克执政时期的教育发展也是成绩斐然，80% 以上的适龄儿童都可以就读

---

① Thierry Mathou, "BHUTAN: Political reform in a Buddhistmonarchy", *Bhutan Studies*, March 1999.

② Mathew Joseph C., "Political Transition in Bhutan", *Economic and Political Weekly*, Vol. 41, No. 14 (Apr. 8 – 14, 2006).

小学。①

吉格梅·辛格·旺楚克国王统治时期，最重要的一项改革措施是始于 1981 年的政治分权改革。这项改革涉及全国 20 个宗（地区）。吉格梅·辛格·旺楚克在 20 个宗设立 20 个宗发展委员会（Dzongkhag Yargay Tshogchhung，DYT），紧接着又在 202 个县（Gewog，也被称为"窝"）设立窝发展委员会（Gewog Yargay Tshogchhung，GYT）。② 宗发展委员会由人民代表组成，委员会每年召开四次会议，讨论本辖区政治、经济、文化等各方面的议题。宗和县的发展委员会成立，标志着政治分权改革全面展开。国王命令全国 20 个宗的宗发展委员会必须制定今后五年的地方发展计划。

吉格梅·辛格·旺楚克国王 1981 年 6 月 23 日向国民议会传达了自己对改革的想法：向地方政府机构下放管理权力，促进其自力更生；缩减王室维持运作的成本，以免增加政府开支和资源浪费；进一步鼓励人民参与国家发展的活动和项目。吉格梅·辛格·旺楚克国王强调，人民和王室、政府必须携手合作，共同促进国家发展。1998 年，吉格梅·辛格·旺楚克国王将所有行政权从国王转交、下放给经选举产生的部长委员会。

吉格梅·辛格·旺楚克国王期待不丹王国的社会和政治制度能够"在正义、和平与和谐的道路上"逐步发展，通过捍卫"正义""和平"与"和谐"的观念提高"国民幸福总值"。吉格梅·辛格·旺楚克国王亲自提出一些政策建议，以充分分离

---

① Thierry Mathou，"BHUTAN：Political reform in a Buddhistmonarchy"，*Bhutan Studies*，March 1999.

② Thierry Mathou，"BHUTAN：Political reform in a Buddhistmonarchy"，*Bhutan Studies*，March 1999.

立法、司法和行政机构，使它们互相制衡以进一步加强王国的安全稳定。吉格梅·辛格·旺楚克国王说，向民主的历史性过渡是所有不丹人都应当感到非常自豪的事情。吉格梅·辛格·旺楚克国王所理解的民主"不是从一个选举到另一个选举，而是一种生活方式"。民主精神必须成为个人"在家、在社区、在工作和生活"中的一部分。吉格梅·辛格·旺楚克国王把"民主"这个词的概念从政治领域拓展到社会生活的其他方面，使"民主"成为不丹的一种伦理观念，即"民主的精神不取决于政府的形式，而取决于个人的原则、正直和价值观"。① 吉格梅·辛格·旺楚克国王还主张国家主权属于人民，他说："在执政的这些年里，我不断努力，把权力、资源和责任下放给人民。权力下放和权力下放方面的改革是一个持续的进程，设立了宗（区）发展委员会和县（窝）发展委员会，并将行政权交给一个经选举产生的部长委员会。在促进人民参与决策过程的同时，我始终充分相信，我国人民能够为了自己的利益和国家的利益作出最佳选择。如果我的王权不是建立在相互信任和人民对国家有信心的基础上，我就不配做人民的国王。我们必须充分相信他们对班丹·竺克巴（*Pelden Drukpa*）的承诺和忠诚，以及他们确保我国的福祉和安全的能力。我始终认为，国家的命运掌握在人民的手中。"② 第四世国王吉格梅·辛格·旺楚克的改革，让人民在参与国家治理和民主决策上有了更大的空间和更高的热情。

---

① 吉格梅·辛格·旺楚克国王在第 87 届国民议会第一次会议上的讲话。参见不丹英文报纸《昆色尔》（*Kuensel*）2007 年 6 月 9 日的报道。

② Sonam Tobgye and Thrimchi Lyonpo，"The Making of the Constitution and Democracy in Bhutan"，http：//www. ipajournal. com/2012/09/27/the-making-of-the-constitution-and-democracy-in-bhutan/.

吉格梅·辛格·旺楚克国王另一项引人注目的改革是他重新确立了国王作为政府首脑的地位，他授权国民议会对国王进行不信任投票，以及协助起草不丹第一部成文宪法—《不丹王国宪法》（以下简称《宪法》）。2002 年，国民议会通过了两项重要法案——《宗（地区）发展委员会法案》（*Dzongkhag Yargay Tshoggchhung Chathrim*）和《县（窝）发展委员会法案》（*Gewog Yargay Tshogchhung Chathrim*），以促进政治权力进一步下放到基层。这项改革使地方政府的宗和县的行政权力得到了法律保障，"人们把这些行动看作 1981 年开始的改革的成果，当时国王首先建立了地区发展委员会（DYT），并为所有的地区（*Dzongkhags*）制订了发展计划。宗行政当局获得了相当大的行政和财政权力"。①

20 世纪末，第四世国王吉格梅·辛格·旺楚克统治时期的另一项重大政治变革是针对尼泊尔族裔的"民族识别"。在国王吉格梅·辛格·旺楚克的统治下，不丹的主要民族德鲁克帕族以外的其他民族进一步被边缘化。1989 年，不丹通过一系列的法律修订措施，把尼泊尔族裔问题法律化、政治化。1985 年不丹政府修订了 1958 年的《国籍法》，新《国籍法》在 1988 年再次进行人口普查时生效，该法案改变了以前只要"父亲为不丹人"的公民身份要件，提出了不丹公民身份的前提是父母亲双方都为不丹人。更有甚者，新的《国籍法》具有溯及力，即按照《国籍法》规定，所有 1958—1988 年出生的儿童，其母亲为非不丹籍则要被宣

---

① Tashi Wangchuk, "The Middle Path to Democracy in the Kingdom of Bhutan", *Asian Survey*, Vol. 44, No. 6（November/December 2004）, p. 839.

布为非法移民。① 1988 年的人口普查还需要每个家庭出示土地税的相关证明，无法出示证明材料的家庭也将被视为非法移民。② 1989 年《社会行为规范》（*Driglam Nam Za*）等规定单方面强制实施竺克巴文化习俗，导致噶隆族占主导地位的国家政权与尼泊尔族裔（即洛沙姆帕族，Lhotshampas）产生冲突。后来，种族冲突演变为不丹的民主和人权斗争。

2005 年 12 月，国王吉格梅·辛格·旺楚克宣布他准备让位给他的儿子，并将同时移交国王的责任。2006 年 12 月 14 日，吉格梅·辛格·旺楚克国王正式宣布退位并将王位移交给吉格梅·凯萨尔·纳姆耶尔·旺楚克（Jigme Khesar Namgyel Wangchuck）。这位年轻的国王开始了他不寻常的统治，作为一个国王实施并监督他的国家走上议会民主化道路。吉格梅·凯萨尔·纳姆耶尔·旺楚克国王还在全国各地广泛深入基层民众，鼓励人民参与即将到来的民主运动；他还鼓励不丹的年轻人在教育、商业、民用服务方面以更高的标准、更勤奋的工作来建设国家。新国王采取了许多行政措施，以加强体制管理，为 2008 年的民主改革做好准备。

20 世纪，不丹的双重治理体制模式，缺乏一个成文的宪法来维护国家的体制和民众的基本政治权利和人权。在不丹开始民主改革之前，国王在国民议会和部长委员会的支持下治理国家，法律体系尚不完备。不丹现代化进程中为政治改革保驾护航的法律体系建设迫在眉睫。2005 年，不丹开始起草第一部宪

---

① "Bhutan—A Growing Minority", *Economic and Political Weekly*, Vol. 9, No. 26, Jun. 29, 1974.

② 杜敏、李泉：《不丹尼泊尔裔族民族问题的根源论析》，《世界民族》2018 年第5 期。

法，从而为君主立宪制的制度改革确立了法律基础。从此以后，不丹的政治生活也发生了翻天覆地的变化。2008 年，当时的国王吉格梅·凯萨尔·纳姆耶尔·旺楚克将权力移交给了议会，政治生活舞台的"主角"也转变为新生的政党。

第三节　21 世纪以来不丹的民主改革

2008 年，第五任国王吉格梅·凯萨尔·纳姆耶尔·旺楚克发起并主导了政治上大刀阔斧的改革，将沿袭了一个世纪的世袭君主制转变成为君主立宪的议会政治模式。此次改革，对不丹而言是一个政治上的巨变，它开启了不丹以政治改革为核心的，新的经济、社会发展历史时代，同时此次"自上而下"的政治改革也受到了国际社会的普遍关注和赞扬。

一　不丹的民主改革

20 世纪时期，不丹在探索如何与世界接轨，如何在保证国家平稳与安全的前提下走向现代化的过程中，有过许多思考并进行了改革的实践活动。尤其是第四世国王吉格梅·辛格·旺楚克在位时期，放弃国王的种种特权，对不丹进行了大规模的改革，按照三权分立的西方民主模式设立了相关的国家机构，从而把不丹带到了历史新起点上。

经历了 20 世纪后半叶的充分准备，21 世纪初期不丹的民主政治变革在 2008 年实现了具有历史意义的转型，从封建君主专制制度转向了议会民主制度。

1998 年吉格梅·辛格·旺楚克颁布法令（kasho），把国王的行政权力完全让渡给国民议会选举的内阁，同时对国王的责任进行了规范。2002 年，不丹举行了第一次全国性的县级选举。当时的法律规定年满 21 岁的公民才能获得选民资格，而且每个家庭只有一张选票。

2005 年 12 月 17 日，吉格梅·辛格·旺楚克再次作出让全国上下感到震惊的决定，他宣布将放弃王位，传位于时任通萨笨洛布的王储——吉格梅·凯萨尔·纳姆耶尔·旺楚克，使不丹开始君主立宪制和议会民主制改革。吉格梅·辛格·旺楚克在 2006 年 12 月 9 日签署的皇家法令中说："我把肩负的责任交给了我的儿子，相信不丹人民会塑造一个美好的民族未来，对此我充满信心，因为不丹人民是我们传统和文化的真正监护人，是我国安全、主权和持续福祉的最终守护者。"①

吉格梅·辛格·旺楚克国王在 2005 年 12 月 17 日国庆讲话中说："在接下来的两年里（2006 年和 2007 年），选举委员会将在全国 20 个宗开展的国民议会民主选举实践进程中训练好我们的人民参加民主选举。经过 26 年的地方分权和权力下放，我有信心，我们的人民将选择能够提供良好治理和为国家利益服务的最好的政党。我希望我们的人民知道 2008 年将举行全国首次大选，选出议会民主制度下的政府。"② 2007 年 6 月 12 日，选举委员会完成了对议员资格标准的审议，选举的准备工作基本完成。

2007 年 12 月 31 日至 2008 年 1 月 29 日不丹完成了国家委

---

① 参见 2006 年 12 月 9 日颁布的国王退位的皇家法令。
② 参见吉格梅·辛格·旺楚克国王在 2005 年 12 月 17 日国庆的讲话。

员会的选举工作，国家委员会随即开始行使职权。2008 年 3 月 24 日国民议会选举如期举行。按照不丹宪法和选举法规定，不丹的国民议会选举分为两轮。首轮选举只能有两支政党胜出，并在之后的大选中角逐执政党地位。南亚国家的政党政治生活中，有的国家允许政党通过联盟来执政，如斯里兰卡的议会政党可以通过形成执政联盟或反对联盟来维护自己的利益，与其他国家的民主制度不同，不丹采用简单多数选举制选出执政党，禁止各党派结成联盟来执政。

2008 年的国民议会选举中胜出的两支政党为不丹繁荣进步党（Druk Phuensum Tshogpa，DPT）与不丹人民民主党（People's Democratic Party，PDP）。在最终的角逐中，不丹繁荣进步党以 67% 的得票率，将国民议会 47 个议席中的 45 个席位收入囊中，成为名副其实的执政党；不丹人民民主党虽然获得了 33% 的选票，却只赢得了两个席位而成为反对党。①

2008 年以来的不丹政治改革一方面保留了皇权，另一方面又选择了西方民主制度，迎合了现代西方政治文化潮流。但是不丹的政治改革是一场自上而下进行的、并不彻底的改革，而且这次政治改革也没能完全解决不丹发展中存在的问题。

二　不丹政治改革的历程

1907 年，乌颜·旺楚克（Jigme Wangchuck）废除了沙布东政体建立了世袭君主制。在一个世纪的君主统治中，不丹政治

---

① Bhutan's way to democracy, http: //bhutan. um. dk/en/about-bhutan/bhutans-way-to-de-mocracy/.

局势比较平稳，没有发生颠覆性的动荡。20 世纪中叶即 1953
年，刚刚继位一年的第三世国王吉格梅·多吉·旺楚克开始了
一系列的政治改革。从这个时期算起，不丹的政治改革大致可
以分为三个阶段：第一阶段，改革准备阶段（1952—2001 年）；
第二阶段，宪法阶段（2001—2008 年）；第三阶段，议会民主
制度改革实践阶段（2008 年至今）。

　　第一阶段，改革准备阶段（1952—2001 年）。1952 年，
吉格梅·旺楚克提前退位，其长子吉格梅·多吉·旺楚克继
位。第三世国王吉格梅·多吉·旺楚克实施了开明政治统治，
刚刚继位一年就开始对不丹的政治体制进行大刀阔斧的改革，
并按照三权分立的政治理念设立国家机关。1953 年不丹国民
议会成立，成立之初的国民议会由 110 名议员构成，直到
1960 年国民议会成员数才增加到 150 人。在不丹政治改革过
程中，国民议会的诞生是一项标志性的政治变革举措。除此
之外，不丹还成立了高等法院、大臣会议等政府机构，建立
法院体系、制定法律、废除农奴制。比较引人注目的一项改
革措施是 1969 年在国王支持下，国民议会通过一项允许议员
对国王进行不信任投票的法案。这意味着国王的绝对权力被
制衡，同时也表明国王的权力受到法律的捍卫。1998 年吉格
梅·辛格·旺楚克下放自己的行政权力给由国民议会选举的 6
名成员组成的内阁。虽然，当时不丹的国王还是"国家元
首"，但内阁的主席才是政府的行政首脑。此外，国王要求国
民议会通过法令，让国民议会有权对国王进行信任投票，甚
至可以迫使国王退位。在此基础上，吉格梅·辛格·旺楚克
国王还推动中央向地方分权，激励 21 岁以上有选举权的公民

积极参与选举活动。国王发起的这次行政改革前途和影响力尚不明确，但君主立宪的政治改革"引擎"已经启动，改革的基础条件已经准备就位。

第二阶段，宪法阶段（2001—2008年）。2001年11月3日，不丹第四任国王吉格梅·辛格·旺楚克命令开始起草不丹的成文宪法。2002年12月9日，宪法起草委员会向国王提交了宪法草案。2005年3月宪法草案在全国范围向公众公布，随后经过全国20个地区的人民协商，最终在第五任国王吉格梅·凯萨尔·纳姆耶尔·旺楚克时期，即2008年7月18日，由皇家政府颁布实施。不丹第一部成文宪法是融合了佛教文化，参考了其他20多个现代国家的宪法，在充分吸取民意的基础上确立的。不丹宪法的产生是不丹走向议会民主政治道路的一次关键举措，它也是后来的政治变革的蓝本。

第三阶段，议会民主制度改革实践阶段（2008年至今）。2008年3月24日，不丹进行了历史上第一次议会民主选举。不丹的议会结构属于两院制。上院是国家委员会，由25名成员组成，其中由每个宗产生一名代表，全国共20名代表，另外还有5名成员由国王直接任命。下院是国民议会，最少可以有55名成员，[①] 由最后一轮选举中的两个党派成员组成。上下两院议员任期都为五年。2008年大选中，不丹繁荣进步党（DPT）大获全胜，在国民议会中有45名议员；进入最后一轮竞选的不丹人民民主党（PDP）收获了253012张选票，虽然得票率为33%，但是在国民议会中只有两个席位，成为反

---

① 不丹目前设置了47个选举区，所以2008年与2013年两届国民议会选举中，议员数量都为47人。

对党。① 2013 年选举形势大逆转，第一届政府中的反对党不丹人民民主党出人意料地击败了执政党不丹繁荣进步党，获得93800 张选票，得票率为44%，最终赢得了 47 个席位中的 32个，成为执政党；前执政党不丹繁荣进步党获 68550 张选票，得票率仅为32.5%，成为反对党。②

三 不丹民主政治改革的特点

（一）"主动"的民主改革

不丹政治改革最大的亮点在于它属于"主动式"改革，尽管国内存在着反对君主制的政党和武装力量，但不丹的君主制并没有受到致命威胁。但正如恩格斯所说："一切政府，甚至最专制的政府，归根到底都不过是本国状况的经济必然性的执行者。他们可以通过各种方式——好的、坏的或不好不坏的——来执行这一任务。"③ 不丹的政治改革不是空穴来风，而是立足于不丹经济、社会的大背景，是不丹特定历史发展阶段的必然选择。1949 年不丹在拒绝了印度要求它加入印联邦的基础上与印度签订了《永久和平与友好条约》，条约承认不丹是外交上接受印度指导的独立政治实体。1952 年，吉格梅·多吉·旺楚克成为第三世不丹国王，他着手开始改革以推动不丹

---

① Bhutan's way to democracy, http：//bhutan. um. dk/en/about-bhutan/bhutans-way-to-de-mocracy/.

② Ms. Medha Bisht, Peace & Conflict Database-Seminar Report, 26 July 2013, Bhutan E-lections 2013, http：//www. ipcs. org/seminar/peace-and-conflict-database/bhutan-elections – 2013 – 1049. html.

③ 《马克思恩格斯选集》（第 4 卷），人民出版社 1995 年版，第 715 页。

的外交和国内经济、政治、社会发展的现代化进程。从不丹第三世国王到第四世国王吉格梅·辛格·旺楚克再到当前的第五世国王吉格梅·凯萨尔·纳姆耶尔·旺楚克所进行的社会、政治改革等，都是从上自下发起的"主动式"改革模式，即这些政治改革是由国王发起、操作和掌控的。① 之所以不丹会发起"主动式"的民主改革，一方面是因为不丹长期受君主制影响形成了不丹传统共识政治②的政治文化，另一方面也源自不丹国王的西方教育背景，他们接受了现代西方民主政治的理念。

（二）分权政治改革

不丹的政治改革在国王的主导下有序开展。不丹政治改革的核心是处置王权，即在保留部分"王权"的情况下实行"三权分立"。不丹的分权政治改革最早可以追溯到第三世国王时期。20 世纪初期不丹建立世俗君主制，王权有着绝对的权威。20 世纪 50 年代之后开始的现代化进程中，第三世国王把政治集权不断进行分化，包括设立国民议会、部长委员会，制定相关法律，成立高等法院；1958 年引入首相制度，1965 年"皇家咨询委员会"宣告成立。20 世纪 80 年代后不丹的民族文化复兴运动开始后，民族矛盾加剧，从而加速了不丹的政治改革进程。1998 年后不丹国王的改革措施更加激进，他放弃作为政府首脑的行政权力，下放给部长委员会，并督促形成对国王进行不信任投票的机制。此外，国王开始提议修订新宪法，2008年不丹的议会选举正式开始，这标志着不丹君主立宪制的"三

---

① Marian Gallenkamp, Democracy in Bhutan: An Analysis of Constitutional Change in a Buddhist Monarchy, Institute of Peace and Conflict Studies (IPCS) Research Papers, March 2010.

② Thierry Mathou, "Political Reform in Bhutan: Change in a Buddhist Monarchy", *Asian Survey*, Vol. 39, No. 4 (Jul. – Aug., 1999), pp. 613 –632.

权分立"政治体制形成。

（三）国家安全的"隐形"压力促进了政治改革

吉格梅·多吉·旺楚克领导的政治改革是不丹走向现代化的第一步，也是为不丹走向现代化而进行的政治改革中最重要的一环。不丹走向现代化的过程中，除了政治体制改革还包括经济、文化、社会等其他方面的改革，如拓展对外关系加入国际组织，寻求多方面的国际资金支持；从1961年开始发展"五年计划"，以指导、促进国家经济增长；设立《公民法》（1977年）、《婚姻法》（1980年）等必需的法律制度；1988年进行全国人口普查，促进不丹的民族国家政治发展和民族文化认同，等等。

不丹的政治改革被认为是自上而下的"主动式"民主政治改革，甚至在不丹人看来君权世俗化、分权化是国王对民众的恩赐。其实并不完全如此，不丹民主政治改革是不丹种族、民族、国家安全等问题的集中体现①，即它是在国内外种种压力之下进行的一次影响深刻而广泛的"主动式"改革，同时也是解决种族、民族、国家安全等国内外问题的必要措施。君主制在不丹一个世纪的统治中已经出现了种种危机，只不过睿智的不丹国王捕捉到了其中的隐忧，从而开始以民主政治改革的政治替代方式来实现王国的稳定与存续。不丹王国的统治危机集中体现在国内的民族冲突以及来自印度的威胁。

第一，国内民族矛盾要求民主政治。不丹的民族认同与民族识别政策，造成不丹境内的尼泊尔族裔和政府间的冲突。由于政府采取了单一化的公民身份识别方式，大量尼泊尔裔不丹

---

① Mathew Joseph, "Political Transitionin Bhutan", *Economic and Political Weekly*, Vol. 41, No. 14 (Apr. 8 – 14, 2006), pp. 1311 – 1313.

定居者无法获得不丹公民身份而流亡尼泊尔。1990 年 9 月不丹南部爆发为期一周、近 5 万人参与的示威游行活动。此次示威游行活动打着"文化与种族"的旗帜，但是示威活动后来提出了要政府改革政治制度的诉求。此次游行影响到了奇朗（Chirang）、萨姆齐（Samchi）等不丹南部大部分区域。[①] 20 世纪 90 年代初期有超过 10 万不丹难民因无法获得不丹公民身份而被驱逐，聚居在尼泊尔境内东部地区的 7 个难民营中。1996 年类似的社会运动再次上演。一群自称是不丹人的尼泊尔裔群体，于邻近不丹的印度边境小镇吉高卢（Jaigaon）爆发万人示威游行。很显然，民族问题成为不丹维护国内安全稳定的一项重要内容。[②]

第二，对印度吞并的担忧促使国内民主政治改革。1947 年之后的后殖民时代的南亚次大陆国家纷纷走向了独立。独立后印度继承了前殖民者英国的思维，试图主导整个南亚地区，其中包括不丹。1948 年之后不丹与印度开始了"独立"与"控制"之间的博弈，并最终在 1949 年签订了《永久和平与友好条约》。印度承认不丹的独立地位，但不丹的外交却置于印度的指导之下，虽然不丹对此解释颇具安慰色彩，即"不丹对印度的指导意见可以不接受"[③]。在 1949 年《永久和平与友好条约》的约束下，不丹与印度保持着若即若离的关系。不丹一方

---

① S. D. MUNI, "Bhutan in the Throes of Ethnic Conflict", *India International Centre Quarterly*, Vol. 18, No. 1 (SPRING 1991), pp. 145 – 154.

② Stefan Priesner, "Bhutan in 1997: Striving for Stability", *Asian Survey*, Vol. 38, No. 2, A Survey of Asia in 1997: Part II (Feb., 1998), pp. 155 – 160, Published by: University of California Press.

③ Syed Aziz-al Ahsan and Bhumitra Chakma, "Bhutan's Foreign Policy: Cautious Self-Assertion?" *Asian Survey*, Vol. 33, No. 11 (Nov., 1993), pp. 1043 – 1054.

面需要印度在经济建设方面的支持，另一方面试图摆脱印度对自己的控制，实现真正的独立自主。印度的殖民思维和"门罗主义"让不丹心存芥蒂，特别是"印度1971年武装肢解巴基斯坦、1975年公开吞并锡金以后，不丹对自己的前途深感忧虑，唯恐步锡金的后尘，丧失主权，成为印度的一个邦"。[①]这种忧虑促使不丹采取措施，保持自身内部稳定，而不至于使印度有机会干预不丹内政或被其吞并。

自2008年第一次举行大选后，不丹进入了崭新的历史阶段。不丹通过君主立宪的议会民主制度改革来化解国内矛盾，促进社会健康发展。但是不丹的"主动式"民主制改革并没有想象的那样"主动"和有效。议会民主制改革是在国王的主导下进行的，其政党制度发展、民族问题解决方式、人民参与意愿等方面还远不成熟，尚需进一步的改革及大胆突破来破除不丹政治、经济、社会发展上的问题。

---

① 朱在明、唐明超、宋旭如编著：《列国志·不丹》，社会科学文献出版社2004年版，第99页。

第 三 章

不丹政治变革的动因

不丹向现代政治转型的主要动因是对自身政治体制与国家安全的担忧。而促使不丹王国执政者去思考国家安全问题的最直接的诱因是南部地区尼泊尔族群在身份认同、民族识别以及难民问题上的斗争。[①]

不丹特殊的地理位置和政治文化、多元的民族文化和种族类别，造成了国内的风险形势和构建了国家的安全意识。纵观历史发展，不丹在不断的政策调整中重构自己的安全屏障，以保护自己作为一个正常的主权国家的利益。

国内外对不丹问题研究较多。学术界直接以不丹国家安全问题为讨论主题是从 20 世纪末、21 世纪初开始的。不丹的国家安全问题分为两个层次：1. 从不丹的视角分析了不丹国家安全的构成要素，主要有政治安全和文化安全问题。不丹国家意识形态的转变及 20 世纪 80 年代末期的民族文化身份识别与保护属于国家安全问题。2. 不丹国家安全问题的衍生问题，即民

---

① Mathew Joseph C., "Political Transition in Bhutan", *Economic and Political Weekly*, Vol. 41, No. 14 (Apr. 8 – 14, 2006), p. 1312.

族识别造成的难民等影响不丹国家安全的问题。

不丹国家安全问题产生的原因是多方面的，其影响因素也是多元化的。

在国家安全战略的"内敛型"模式分析框架下，[①] 把国家安全治理分解为"风险认知""政策类型"和"政策演变及构建"，可以系统地分析不丹国家安全的意识、理念及实践。"内敛型"国家安全战略是一种防御性的战略准备，该分析框架从国内和国外两个方面来考虑国家安全问题。"内敛型"国家安全战略认为国家安全存在较大的风险，国内有危机或不稳定因素，国际上又面临潜在的强敌威胁。采取"内敛型"安全战略的国家会通过各种政策调整、稳定国内秩序，化解国外矛盾。

第一节 不丹"国家安全"的风险与认知

"国家安全"是国际政治学的一个重要理论议题，对其存在着各种解释范式。"二战"以后美国普遍采用的现实主义范式，认为国家间总是存在利益纠纷和相互威胁，因而需要各种力量之间的相互制衡来维护国家安全。此外，还有主张建立集体主义的国际机制来防止霸权和国家间冲突的新自由主义范式；主张国家通过社会实践活动来摆脱"安全困境"的建构主义范

---

① "内敛型"安全战略模式的适用条件为本国经济政治发展面临危机；外部存在强大的敌人；本国的战略能力有限；奉行防御性的战略文化。参见杨毅主编《国家安全战略理论》，时事出版社 2008 年版，第 112—113 页。

式等。① 但是国际政治学的这些理论范式对国家安全的解释太过于注重"国际"视角，忽略了国家内部的治理，"没有充分注意国内政治"②。也有学者对"国家安全"与"国际安全"进行了区分，将两者视为完全不同的概念，于是"国家安全"作为"国际安全"的相对概念只能指称"国家个体自身的安全问题，是一个自私的安全概念"③。的确，对"国家安全"概念的理解，除了国家主权安全的主要视角外，还需要多元要素分析、多框架分析。④ 笔者认为，"国家安全"源于国家主体对国家安全的实际风险的关注，也包括对风险的主观知觉判断；它既包括国内安全和国家主权领土安全两个方面内容，也涵盖了国家内部的文化、社会冲突，以及来自外部国际力量对国家经济、政治等方面负面影响的可控性。

不丹作为南亚次大陆的"小国"，由于特殊的地理位置、历史发展背景、民族构成、政治文化等原因，从20世纪末采取了各种匪夷所思的政策，这些政策从国家安全以及安全治理的分析视角来看，无不体现了不丹当局对国家安全的隐忧以及为了摆脱困境进行的改革尝试。不丹政府认为是"风险"的问题，包括以民族冲突为焦点的文化风险、以政党冲突为中心的政治风险、高度经济依赖性的经济风险、毗邻国家带来的主权风险等。

---

① 卢静：《国家安全：理论·现实》，《外交学院学报》2004年第3期。

② [美]罗伯特·O. 基欧汉：《局部全球化世界中的自由主义、权力与治理》，门洪华译，北京大学出版社2004年版，第186页。

③ 刘胜湘主编：《国际政治学导论》，北京大学出版社2010年版，第186页。

④ Lloyd J. Dumas, "Economic Power, Military Power, and National Security", *Journal of Economic Issues*, Vol. 24, No. 2 (Jun., 1990), pp. 653 – 661.

一 多元民族文化的风险

正如金利卡所言，"文化多样性（cultural diversity）的源泉之一，是不止一个'民族'（nation）共存在一个国家中"。① 国家的民族多元化是国家文化多样性的重要支点，也是一个民族国家内文化风险的重要来源。不丹国内民族群体并不是非常多，但王国政府对洛沙姆帕族心存芥蒂并不适当地采用了极端的民族治理方式，使得不丹的民族冲突由风险转为对抗，最终导致超过 10 万的国际难民，其中有 9 万人通过第三国安置，截至 2015 年依旧有 3 万人生活在难民营中。②

（一）尼泊尔族群问题的源流

1. 早期移民时期的尼泊尔族群

不丹的尼泊尔民族是尼泊尔移民在不丹定居后形成的一个移民群体。但在尼泊尔人何时移民而来的问题上却有着不同的解释。不丹政府的官方观点认为洛沙姆帕人属于"新移民"；也有观点认为，不丹洛沙姆帕人的第一批移民可以追溯到 17 世纪 20 年代，当时不丹由于劳动力缺乏，大量尼泊尔人被派遣到不丹来从事诸如修建宝塔等基础设施的建筑活动。③ 不丹一直无法形成有效的国家边界管理，移民的无序化问题越来越严重，

---

① ［加］威尔·金利卡：《多元文化的公民身份》，马莉、张昌耀译，中央民族大学出版社 2009 年版，第 14 页。

② 根据 2016 年不丹国家报告记载的数据，参见不丹 2016 年国家报告，http://www.bti-project.org.

③ "Lhotshampas-the True Citizens"，2012 年 9 月 3 日，http://www.bhutannewsservice.org/lhotshampas-the-true-citizens/.

导致在不丹国土范围内经常出现印度和尼泊尔移民,其中尼泊尔移民数量最多,影响力也最大。直到 1990 年不丹政府才在边境地区设立检查站,以防止非法越境,跨越边界的无序流动才得到控制。

2. 身份识别时期的尼泊尔族

20 世纪 80 年代之前,不丹的尼泊尔族按照不丹相关法律规定获得了公民身份。1953 年不丹成立了国民议会,随即国民议会和国家公职人员中出现了尼泊尔族的代表。尼泊尔族在政治上被认同还表现在他们的母语成为官方语言之一。20 世纪 50 年代不丹国民议会的公报,往往会翻译为三种语言即英语、宗卡语和尼泊尔语。直到 1988 年之前,尼泊尔族人还可以在学校享受免费的尼泊尔语教育。

20 世纪 80 年代之前,为了解不丹的民族状况、人口数据,也是为了能顺利地加入联合国,不丹政府于 1964 年至 1971 年在国内进行了第一次人口普查。为增强普查数据的有效性,不丹皇家咨询委员会的委员们被分派到各地对普查活动进行监督。在第一次人口普查的基础上,不丹内政部设立了一个登记部门,并于 1977 年进行了第二次人口普查,以这次普查数据为基础,不丹政府为包括尼泊尔族在内的所有不丹公民发放了公民身份证。

1985 年不丹政府修订了 1958 年的《国籍法》,新《国籍法》在 1988 年再次进行人口普查时生效,该法案改变了以前只要"父亲为不丹人"的公民身份要件,提出了不丹公民身份的前提是父母亲双方皆为不丹人。更有甚者,新的《国籍法》具有溯及力,即按照《国籍法》规定:1958—1988 年出生的所有儿童，其母亲为非不丹籍则要被宣布为非法移民。[1] 1988 年的人口普查还需要每个家庭出示土地税的相关证明，无法出示证明材料的家庭也将被视为非法移民。

新法案的出台，直接造成近 1/6 的不丹人口即 12.5 万尼泊尔族人失去公民资格，成为难民。

3. 尼泊尔族群难民与不丹社会的冲突

不丹国内的尼泊尔族对政府造成的压力原本只是"隐性的"，但是不丹政府简单且带有粗暴色彩的民族识别举措使其转化为实际的民族冲突，同时也造成国际性的难民问题。而伴随着难民问题的只能是更加严重的民族、社会冲突。

其一，敌视不丹政府的"体制外"政党产生。不丹的政党在 2008 年民主选举时登上政治舞台，为外界所关注。其实早在 20 世纪 90 年代不丹民族冲突发生时，一些政党就已经对不丹政治生活产生影响。它们有不丹人民党、不丹国家民主党、不丹国家大会党。其中最具影响力的政党是不丹人民党。不丹人民党成立于 1990 年的 6 月 2 日。由于激进的民族政策主张和意识形态，这个政党一直不被不丹王国政府所接受。不丹人民党一直以维护尼泊尔族人利益的种族主义为自己的奋斗目标，它公开向政府提出"民主和人权"的口号，试图为尼泊尔族争取更多的政治权利。[2]

其二，民族识别中尼泊尔族的民族意识和权利意识进一步强化，加剧了不丹的社会冲突。作为移民，不丹尼泊尔族一

---

[1] "Bhutan—A Growing Minority", *Economic and Political Weekly*, Vol. 9, No. 26, Jun. 29, 1974.

[2] "Plight of the Lhotshampas", http：//humanrightshouse. org/Articles/8133. html.

直以来没有十分注重自己的政治权利,① 直到 20 世纪 90 年代尼泊尔族人被剥夺公民权利,他们才开始了各种形式的政治斗争,其中包括成立尼泊尔族的政党。尼泊尔族为争取自己的不丹公民身份,反对不丹政府的民族政策采取了一系列游行、示威的斗争活动,因此他们也不断地加剧了不丹的社会冲突。不丹的社会精英试图阻止政府出台排斥尼泊尔族的不当举措,但种种努力并没有改变不丹政府对尼泊尔族的态度和政策。皇家咨询委员会委员理查(Tek Nath Rizal)1989 年向国王建议取消限制公民数量的公民法案和婚姻法案以便缓解不丹国内的民族冲突。② 最终,理查的努力非但没有解决难民问题,反倒使其被扣上发表叛国言论的帽子,以叛国罪被捕入狱 10 年。

之后,各种游行示威活动在不丹此起彼伏,这些抗议活动甚至演化为流血冲突。1990 年 9 月在萨姆齐(Samchi)的示威冲突造成 185 人遇难;③ 1996 年 9 月,在不丹边境的小镇吉高(Jaigaon)发生了尼泊尔族人的大规模抗议活动;1996 年 12 月中旬,不丹南部发生了多起暴力犯罪活动,据称犯罪分子与尼泊尔难民营的难民有关;④ 1997 年初,据不丹官方媒体昆萨尔(Kuensel)报道,1 月份不丹境内发生了几起针对不丹安全部

---

① Brian C. Shaw, "Bhutan in 1991: 'Refugees' and 'Ngolops'", *Asian Survey*, Vol. 32, No. 2, 1992.

② Michael Hutt, "Bhutan in 1996: Continuing Stress", *Asian Survey*, Vol. 37, No. 2, 1997.

③ Stefan Priesner, "Bhutan in 1997: Striving for Stability", *Asian Survey*, Vol. 38, No. 2, 1998.

④ Yumiko Suenobu, *Management of Education Systems in Zones of Conflict-Relief Operations— A Case-Study in Nepal*, the UNESCO Principal Regional Office for Asia and the Pacific, Thailand, 1997, pp. 3 – 8.

队的卡车爆炸事件，并造成 1 人死亡。①

（二）尼泊尔民族问题与不丹民族文化、意识统一性

不丹国土面积不大，人口不多，但是它具有明显的多元文化特性。不丹尼泊尔族主要生活在不印边境地区，属于讲尼泊尔语并拥有印度和尼泊尔文化习俗的边境"交界民族"②。尼泊尔族对不丹的文化安全和国家统一有着决定性的作用。如果尼泊尔族在民族情感上，感觉到不属于不丹王国，即在文化统一问题上与不丹主体民族发生冲突，将不便于社会管理，更不利于国家安全。③

尼泊尔族迁移到不丹长达一个多世纪，但是尼泊尔族一直没有像其他族群那样融入竺克巴（Drukpa）④文化，一直保持着自己的独立性，所以它在大乘佛教的宗教信仰、传统生活习惯、尼泊尔母语等方面保持着独特性，民族特性突出。"尼泊尔族这种传统促使他们将印度和尼泊尔视为自己的文明、历史传统、宗教朝圣的中心。有些尼泊尔族人中的高级种姓者憎恨吃牛肉、寡妇再婚、一夫多妻制的习俗。"⑤尼泊尔族在习俗、生活方式等方面保留着自身的独特性，从文化上看他们更接近或倾向于尼泊尔或印度。尼泊尔族这种非常不同的印度文化和价值体系

---

① David Zurick, "Gross National Happiness and Environmental Status in Bhutan", *Geographical Review*, Vol. 96, No. 4, 2006.

② Rosalind Evans, "The Perils of Being a Borderland People: on the Lhotshampas of Bhutan", *Contemporary South Asia*, Vol. 18, 2010.

③ Michiel Baud and Willem Van Schendel, "Toward a Comparative History of Borderlands", *Journal of World History*, Vol. 8, No. 2, 1997.

④ "竺克巴"也被称为不丹族人，政治上占统治地位的噶隆族和东部地区主要族群沙尔乔普族合称为"竺克巴"。

⑤ "Plight of the Lhotshampas", 2007 年 7 月 11 日, http://humanrightshouse.org/Articles/8133.html.

使自己更像"南方或西方而不是北方"人，这一点阻碍了该民族融入到不丹的主流社会传统和政治文化中，"他们更自然地学会向南部和西部，而不是北部迁移"。① 不丹政府自然也不愿意看到在国内存在对自己不利的多样性民族的状况，尤其是这种状况还可能对国家安全形成挑战。不丹政府直接宣称，不丹这样的小国家无力承受民族多样性，而且民族多样性阻碍了不丹的社会进步。② 因而，在1989年不丹政府推行"团结在一起"的民族文化一体化政策时，很难获得共识和文化统一的认同感。

在不丹的民族统一进程中，不丹尼泊尔族是最大的受害者。20世纪七八十年代的民族身份识别和"复兴传统文化运动"的民族团结政策甚至被看成针对尼泊尔族，因而受到尼泊尔族的抵制。③ 其中原因主要有两个方面：其一，尼泊尔族的人口数量、比重不断攀升，直逼在政治上占统治地位的噶隆族。20世纪80年代末期尼泊尔族人占全国人口的35%，噶隆族将这一数字夸大到45%。④ 另一方面，尼泊尔族的民族独立性和政治意识比较强。他们不甘心于"二等公民"的身份，并试图通过组建政党、参与政治斗争，甚至恐怖袭击等极端的方式来改变这种情形。不丹1990年的暴乱便是源于尼泊尔

---

① "Not an Ethnic Issue", *Economic and Political Weekly*, Vol. 26, No. 44, 1991.

② Yumiko Suenobu, *Management of Education Systems in Zones of Conflict-Relief Operations—A Case-Study in Nepal*, the UNESCO Principal Regional Office for Asia and the Pacific, Thailand, 1997, pp. 3 – 8.

③ S. D. MUNI, "Bhutan in the Throes of Ethnic Conflict", *India International Centre Quarterly*, Vol. 18, No. 1, 1991.

④ Maya Maxym, "Nepali-speaking Bhutanese (Lhotsampa) Cultural Profile", 2010 年 3 月 1 日, https: //ethnomed. org/culture/nepali-speaking-bhutanese-lhotsampa/nepali-speaking-bhutanese-lhotsampa-cultural-profile.

族向政府展开争取民族权利的抗议活动。①

不丹政府对尼泊尔族"勤劳、教育良好、政治意识强"的民族特性感到不安，但没有在民族政策上做出任何让步，且试图通过强制的民族统一政策来弱化尼泊尔族人的文化和民族意识。不丹政府要求在重大节庆场合，包括尼泊尔族在内的所有国民必须穿竺克巴传统服饰，还要求他们信仰佛教，与主体民族讲同样的语言。在南部的学校尼泊尔语甚至被禁止在课堂上使用，尼泊尔语教材也被禁止使用。

（三）不丹尼泊尔民族与不丹国家安全风险的认知

洛沙姆帕人问题为何成为不丹文化冲突与整合的焦点，其中既有洛沙姆帕人自身独特性的原因，也涉及不丹王国政府对民族危机的主观认识问题。概括起来，不丹民族冲突中的洛沙姆帕人问题是资源占有而使不丹政府形成民族危机感导致的。按照学术界对民族冲突分类方式，"当代世界的民族冲突概括为三大类：因政治权力配置矛盾而导致的冲突；由经济发展和利益分配问题而导致的冲突；因种族、文化不平等所产生的情感和心理因素所导致的冲突"。② 这种观点也可以用来解释不丹的民族问题。

在不丹的民族构成中，洛沙姆帕族的人数仅次于被认为是"真正不丹人"的德鲁克帕族，约为 22 万人，占不丹总人口的 35%。洛沙姆帕人在不丹的数量让不丹政府和民间都感受到压

---

① 此次暴乱由"人民人权论坛"（People's Forum for Human Rights）和"统一解放人民阵线"（United People Liberation Front，1990 年改名为"不丹人民党"）领导，最初只是焚烧民族服饰以示抗议，后来演变为抢劫、绑架、杀人等恐怖行为。

② 王建娥：《民族冲突治理的理念、方法和范式》，《中央民族大学学报》（哲学社会科学版）2014 年第 6 期，第 6 页。

力，在1988年的人口普查后这一数字被充满民族危机感的德鲁克帕人夸大到40%①，甚至是53%②。从语言的使用来比较，说官方语言宗卡语的人数与说尼泊尔语的人数相差不大，两种语言的使用人数比重分别占24%和22%。不丹洛沙姆帕人的不断增加，以及他们在公共机关任职的比重增大等因素，使不丹政府对竺克巴文化的统一性与主导地位产生不安。

从民族意识来看，尼泊尔族群独特的文明、历史和民族意识，使他们从文化上看更接近或倾向于尼泊尔或印度。不仅如此，随着人口增长，尼泊尔族裔在不丹的影响力也在不断地拓展，形势逼人。现任不丹领导人曾明确表示过，"一个世纪前，在我们毗邻的大吉岭丘陵和锡金地区没有尼泊尔人。现在他们占压倒性多数，并拥有政治权力，他们是该地区无可争议的领导人"。③ 与不丹占主导地位的德鲁克帕人相比，尼泊尔族裔更具外向性和政治意识，他们甚至被怀疑拥有"革命"的政治意识。④

二　政治危机与风险

政治风险是不丹国家政治改革的直接"推手"，也是不丹

---

① Maximillian Mørch, *Bhutan's Dark Secret: The Lhotshampa Expulsion*, http://thediplomat. com/2016/09/bhutans-dark-secret-the-lhotshampa-expulsion/.

② S. D. MUNI, "Bhutan in the Throes of Ethnic Conflict", *India International Centre Quarterly*, Vol. 18, No. 1 (SPRING 1991), pp. 145–154.

③ 杜敏、李泉：《不丹尼泊尔族裔民族冲突问题根源探析》，《世界民族》2018年第5期。

④ Smruti S. Pattanaik, *Ethnic Identity, Conflict and Nation Building in Bhutan*, http://www. idsa-india. org/an-jul8–10. html.

各种社会矛盾的集中体现。政治安全是国家安全的核心内容，也是国家安全的直接表现及基础条件，"只有在政治安全获得保证的条件下，才能有效地谋求和维护经济、科技、文化、社会、生态等其他领域的安全"。① 政治安全作为国家安全的重要组成部分，有着广义和狭义上的解释，如虞崇胜、李舒婷提出的政治安全观，把政治安全理解为国内、国外两个方面，"指国家政治体系处于结构合理、功能配合、运转协调、变化有序的良好状态。它通常可以从国家主权独立、国家政权稳定、政治意识形态广纳、政治制度恰适、执政党地位巩固、政治秩序良好等方面来衡量"。② 本节从狭义上理解不丹的国家安全，从不丹的国内政治生活视角来分析不丹的国家安全风险与实践。

（一）民族问题政治化

从国内视角来看，不丹国家安全是多方面因素的共同作用的结果。20 世纪 80 年代末期进行的"一国，一民"的"唯一民族认同"政策，直接激化了不丹国内的社会矛盾，向来被誉为和平、宁静、安详的不丹，社会冲突四起且直接指向封建王国政权。联合国发展计划署官员斯蒂芬（Stefan Priesner）在 1997 年曾表示"不丹南部不稳定形势给王国的政治和经济发展蒙上了阴影"，所以不丹国内稳定是"政治存在的必要前提"。③

从政治安全的视角来看，不丹政府对尼泊尔族的顾虑，一

---

① 刘普、林毅：《政治安全与政治体制改革》，《红旗文稿》2011 年第 15 期。

② 虞崇胜、李舒婷：《政治安全视野下的反腐倡廉制度建设》，《理论探讨》2012 年第 2 期，第 11 页。

③ Stefan Priesner, "Bhutan in 1997: Striving for Stability", *Asian Survey*, Vol. 38, No. 2, A Survey of Asia in 1997: Part II (Feb., 1998), pp. 155 – 160.

方面源于不丹境内不断增长的尼泊尔族人口数量优势，这让不丹王国政府忧心忡忡[1]，不丹四世国王吉格梅·辛格·旺楚克曾认为不断涌入的尼泊尔人打破了不丹的人口结构平衡；[2] 另一方面，这种顾虑来自尼泊尔族群在政治生活中不断提升的敏感性和影响力所可能引起的不丹政治安全风险。

　　在不丹现代化进程中，不丹尼泊尔族的身份归属成了民主机制建构中的焦点，它也是不丹封建君主制度能否继续存在的重要影响因子。20 世纪 50 年代初期，在印度独立运动和尼泊尔 "反拉纳" 运动双重影响下，不丹于 1952 年，由三世国王吉格梅·多吉·旺楚克在保持封建君主制度的前提下，引入了西方民主机制，进行了一系列的政治改革，其中包括设立高等法院、大臣会议、皇家咨询委员会，废除农奴制，制定相关法律等种种措施。[3] 在这一背景下，不丹尼泊尔族在古朗（D. B. Gurung）的领导下，于 1952 年 11 月在阿萨姆邦的帕特加顿举行集会，成立了不丹第一个政党不丹国家大会党（the Bhutan State Congress）。不丹国家大会党的主要成员为尼泊尔族，因而在成立之后，始终坚持维护尼泊尔族利益的立场。不仅如此，该党还迎合时代潮流，鼓动采取各种措施去实现人民的民主与政治权利，甚至还提出没收地主财产，建立一个负责

---

　　① 据有关消息称20世纪50年代中期，不丹70万人中有64%属于尼泊尔族群，参见 A. C. Sinha, "Political Development and Stragetic Security in Bhutan", http: //asthabharati. org/ Dia_July% 2009/a. c. . htm.

　　② Shrestha, Christie, "Power & Politics IN Resetlement: A Case Study of Bhutanese Refugees", Http: //uknowledge. uky. edu/gradschool_theses/33.

　　③ 朱在明、唐明超、宋旭如编著：《列国志·不丹》，社会科学文献出版社 2004 年版，第 126 页。

任的政府等。[1] 吉格梅·多吉·旺楚克起初对不丹国家大会党的要求作出了让步，即允许尼泊尔族人进入国民议会，并于1958年颁布《国籍法》授予尼泊尔族人公民身份。尼泊尔族人因此可以加入军队和警察部队，甚至可以进入司法部门。在自己的宗教文化方面，尼泊尔族人可以学习梵语或庆祝印度教的宗教节日，保持自己的文化、传统，穿着自己的民族服饰。[2] 但是不丹国家大会党的激进主张以及承认自己与印度国大党存在着密切关系[3]，让不丹官方认为不丹国家大会党受到了印度和尼泊尔的支持，在50年代制造了不丹历史上"第一次反民族的暴乱"[4]。这使本已对印度心存芥蒂的不丹王国政府感到可能存在被颠覆的巨大风险和压力。1958年的不丹《国籍法》对获得不丹国籍的尼泊尔族人作出"忠于国王"的要求。[5] 1958年国民议会第11次会议通过的决议对尼泊尔族的相关义务作出了具体要求，即不丹尼泊尔族应遵守王国政府的规定，并保证对国王忠诚，同时需要向政府提交臣服不丹王国的协议。除此之外，尼泊尔族还负有保卫不丹南方边界的义务。但是不丹国家大会党的主张太过于激进，且不满足于所获得的这些政治权利，不

---

① Sanjit Pal, Mallicka Banerjee, "Ethnic Problems In Bhutan: Search For A New Way To Settlement", *International Journal of Innovative Research and Advanced Studies*, Vol. 4, No. 4, 2017.

② Smruti S. Pattanaik, "Ethnic Identity, Conflict and Nation Building in Bhutan", http://www.idsa-india.org/an-jul8 - 10.html.

③ A. C. Sinha, "Political Development and Stragetic Security in Bhutan", http://asthabharati.org/Dia_July%2009/a.c..htm.

④ Author unknown, "Assessment for Lhotshampas in Bhutan", http://www.mar.umd.edu/assessment.asp? groupId = 76001.

⑤ Brian C. Shaw, "Bhutan in 1991: 'Refugees' and 'Ngolops'", *Asian Survey*, Vol. 32, No. 2, 1992.

断向政府发难，从而影响到了不丹的社会稳定，最终导致国王下令解散不丹国家大会党。[①]

1975 年锡金被印度吞并，加剧了不丹王国对尼泊尔族可能颠覆不丹政权的担忧。在 1975 年锡金并入印度的问题上，不丹王国充分吸取了教训，提高了对不丹尼泊尔族的警觉性。20 世纪 70 年代，锡金有三个主要民族即雷布查族（Lepchas）、不迪亚斯族（Bhutiyas）以及尼泊尔族。尼泊尔族人口总数约为 11 万人，在 16 万的总人口中占 69%。[②] 1973 年大选中达帕创立的政党赢得胜利，但一直以来民众对大选的可靠性表示怀疑，这促使后来发生了全锡金范围内的大规模示威冲突，随即印度出兵进行干预。在印度政府的军事占领下，锡金佛教徒组织"联合行动委员会"、锡金民族党与锡金国王于 1973 年 5 月 8 日达成民主政治改革和制定民主宪法的和解协议。这次全国的示威活动直接促成了支持锡金并入印度的新宪法。不丹国王认为锡金并入印度是受到了占人口多数的尼泊尔族的支持，[③] 相比较而言，不丹当时尼泊尔族人口数量约占不丹总人口的 20%，比重不算太高，但是不丹国王还是担心由于水电工程建设过程中尼泊尔移民会使本国尼泊尔族人数增加，甚至可能会达到 40%。[④] 不丹增长的尼泊尔族群人数，有可能导致类似 20 世纪 70 年代初期锡金发生的内乱，甚至重蹈其覆辙。

---

① 朱在明、唐明超、宋旭如编著：《列国志·不丹》，社会科学文献出版社 2004 年版，第 143 页。

② "A Growing Minority", *Economic and Political Weekly*, Vol. 9, No. 26, 1974.

③ Arijit Mazumdar, "Bhutan's Military Action against Indian Insurgents", *Asian Survey*, Vol. 45, No. 4, 2005.

④ S. D. MUNI, "Bhutan in the Throes of Ethnic Conflict", *India International Centre Quarterly*, Vol. 18, No. 1, 1991.

如果不丹尼泊尔族的民族意识不断提升，非常有可能激起类似锡金在 1975 年发生的冲突而使不丹被印度吞并。[1] 鉴于这种压力，不丹政府在 20 世纪 90 年代开始了主张"复兴传统文化运动"的民族统一政策，以排除尼泊尔族群文化对不丹政治的影响力。

（二）激进政党的发难

与此同时，反对王国政府的政党开始出现。1990 年 6 月 2 日，不丹人民党在西孟加拉成立了代表洛沙姆帕族裔，旨在实现平等、自由、团结、公正的民主社会主义的流亡政党。不丹人民党的政治纲领相对温和，它主张通过和平的方式建立君主立宪的国家政权。不丹人民党的斗争焦点在废除"一国，一民"的民族政策，并要求释放 1990 年以来因为民族问题被关押的洛沙姆帕人。[2]

不丹体制外的政党，对民主的追求，对封建专权的挑战对不丹政治安全构成了极大的威胁。不丹政府不愿意承认这些政治风险对统治者形成了压力，客观上推动了自上而下的民主改革，而是把民主改革等政治进步都归为国王的恩赐和牺牲。

三　政治安全与主权

不丹作为一个主权国家，直到今天也没有能完全摆脱印度的束缚。从历史发展角度来看，不丹与印度一直保持着"特殊

---

[1]　Smruti S. Pattanaik, "Ethnic Identity, Conflict and Nation Building in Bhutan", http://www.idsa-india.org/an-jul8 - 10.html.

[2]　参见不丹人民党官方网站，http://bpparty.org/pages.php? ID = 8.

的、密切的关系"。因为印度"承受不起不丹和任何其他临国的敌意，以及中国在这些国家中可能占主导地位"。① 这种特殊"关系"实质上是由印度主导南亚战略地位的需要而"培育"起来的。印度一直以来支配着不丹的"外交"，甚至还试图通过各种手段去掌握不丹的"政治"走向。不丹一方面在经济发展上依靠印度的力量和投资，获得社会发展的物质与精神资助；另一方面不丹牺牲部分主权利益，以"有限"国家主权姿态来让印度在"中印"关系上吃了"定心丸"。在 1975 年锡金被吞并的事件上，不丹就明确意识到印度可能控制不丹的国家主权甚至是有吞并不丹的可能性。2007 年《不印友好条约》删除了1949 年条约中规定不丹外交"接受印度的指导"的条款，似乎两个国家开始走向真正"平等关系"。2013 年不丹大选，印度通过暂停对不丹的燃油补贴来影响不丹政局，促使不丹民众再次感到印度对不丹的掌控能力。为了免受印度对不丹大选产生影响，让大选更加公正，2018 年不丹大选前，选举委员会决定禁止各竞选政党利用国际敏感话题来影响大选。

第二节　不丹"国家安全"的重构

不丹所面临的国内民族冲突、社会发展，国际上的主权安全、外交独立种种问题，诱发了了不丹的领导人思考不丹在全球化形势下如何定位，如何能够妥善解决国内的社会发展问题，如何能在全球

---

① Syed Aziz-al Ahsan and BhumitraChakma, "Bhutan's Foreign Policy: Cautious Self-Assertion?" *Asian Survey*, Vol. 33, No. 11, Nov., 1993, pp. 1043 – 1054.

化进程中获得自己的发展空间，如何去协调地缘政治对国家安全的影响。20 世纪 80 年代以后，不丹王国领导人开始推动国家政治走向现代化，着手塑造有利于不丹国家安全存在的国内外环境。

一 从"多元"到"统一"的民族文化

不丹是一个以农业为基础的发展中国家，南亚内陆的地理环境和相对封闭的发展状态使国内的生产力水平低下。在全球化的结构体系中只能属于"弱小和不成功国家"。① 不丹政府把国内民族问题视为国家安全风险之一，在这种国家安全意识下妥善解决国内民族矛盾，实现民族文化的一致性，成为非常必要也是最重要的手段。

（一）国家意识形态统一

"国民幸福总值"（GNH）最早是由不丹第三任国王吉格梅·多吉·旺楚克在 20 世纪 60 年代提出的，他强调经济发展的最终成果是让全体不丹人富足、幸福。第四任国王吉格梅·辛格·旺楚克继承了这一思想，提出"我国的政策是巩固我们的主权，实现经济自力更生、国家繁荣和人民幸福"②，在 70

---

① 利普斯曼（Norrin M. Ripsman）和保罗（T. V. Paul）分析全球化的国家体系结构时提出了"大国""竞争性区域子系统的国家""合作性区域子系统的国家"以及"弱小和不成功国家"。利普斯曼认为其中"弱小和不成功国家"无法建立足以为其公民提供安全或经济保护的国家结构，这些国家内部冲突往往源于国内的种族竞争和经济、政治的无效。参见 Norrin M. Ripsman and T. V. Paul, "Globalization and the National Security State: A Framework for Analysis", *International Studies Review*, Vol. 7, No. 2 (Jun., 2005), pp. 199 – 227.

② 参见联合国发展规划办公室驻廷布办公室官员斯蒂芬在 2013 年提交的报告，Stefan Priesner, *Gross National Happiness-Bhutan's Vision of Development and its Challenges*, pp. 28, http://www.bhutanstudies.org.bt/publicationFiles/OccasionalPublications/GNH-SetofDiscussionPapers/GNH_Ch3_Priesner.pdf.

年代，"国民幸福总值"的表述和内涵也日渐成熟，最终成为不丹国家发展的哲学理念。这一理念的最基本的内涵包括"可持续和公平的经济发展""环境保护""保护和促进文化发展""善政"四个方面。

为深化对"国民幸福总值"的理论研究，在不丹政府的支持下，1998年在不丹首都廷布成立了"不丹研究中心"（CBS）。在该中心的推动下，"国民幸福总值"从国家意识形态的指导思想演变成更具操作性的指标体系。[1]

2008年不丹新宪法第9条第2款规定，"国家应努力促进那些能够实现国民幸福感的条件"。2008年开始的不丹君主立宪制的改革也要求各参加竞选的政党认同并执行"国民幸福总值"的意识形态，从而实现政治生活中意识形态的统一。2018年竞选中不丹统一党领袖策林在南部地区的竞选演讲中有意识地使用尼泊尔语宣讲，以便与当地尼泊尔族人拉近距离，他把统一党对全国各民族文化的尊重和保护作为自己的竞选承诺；另外不丹统一党还把南部地区的诸如缆车、水运系统等基建项目建设作为竞选承诺。[2] 2018年后不丹统一党领导的不丹建设项目，也在南方尼泊尔族主要聚居的地方推动基础设施建设，以民生推动国家统一。

（二）民族文化统一

1974年元旦，第四世国王吉格梅·辛格·旺楚克在一次对

---

① Adler, Alejandro, "Gross National Happiness in Bhutan: A Living Example of an Alternative Approach to Progress" (2009), pp. 13 – 14, Social, Impact Research Experience (SIRE), 1. http://repository. upenn. edu/sire/1.

② 杜敏、李泉：《不丹2018年大选：特点、原因与未来走向》，《南亚研究季刊》2018年第4期。

南不丹人民的讲话中说道："你们，不丹南部的公民，永远不要把自己当成外国人，因为你们和你们的祖先都是在不丹出生和长大的，你们都是不丹人。因此，就你们自己，你们必须期待不丹的改善和进步。我们所有人都必须团结起来，作为一个民族，作为一个国家，共同前进。当今时代，我们听到其他国家有冲突、战争、疾病、洪水和饥荒，但在所有这些动乱发生时，我们在这里享受和平与繁荣。这有两个原因。首先，我们对神有坚定的信心，他赐给我们平安和繁荣。其次，我们维护了人民和人民的团结。"①

噶隆族是不丹最大的民族，不丹皇室家族属于该民族，他们在人口数量上所占比重也最大，主要居住在西部和中部地区。噶隆族被认为是起源于西藏的一个民族，在公元 8—9 世纪到达不丹。他们的语言被称为宗卡语，源于中国藏族所使用的藏语。大多数的噶隆族人都遵循大乘佛教德鲁克·卡加蓬（Drukpa Kagyupa）的戒律。噶隆族在政府中占主导地位，公务员制度和国民的文化规范都以噶隆族人为标准。

沙尔乔普族（意为"东方人"）指居住在不丹东部地区的人群，他们有藏族和东南亚人的基因。沙尔乔普族有自己的语言沙尔乔普语，也称昌拉语（Changla）。在文化上，他们在很大程度上被西藏—噶隆文化同化。

还有一个民族是洛沙姆帕族，他们是尼泊尔人后裔，主要居住在不丹南部地区，从事园艺、种植业、工商业。他们的体貌特征、生活方式、语言风俗都保留着自己民族的传统习惯，

---

① "Address at Sibsoo, Southern Bhutan, January 1, 1974", http: //mms. thlib. org/type-scripts/0000/0343/1662. pdf.

与尼泊尔国家的居民非常相似。

不丹各地还有一些较小的土著部落居民，他们居住在全国各地分散的村庄。在文化和语言上接近西孟加拉人，他们信仰印度教，主要从事农业生产活动。

不丹政府认为不丹国内的安全危机主要来自民族文化矛盾，而要实现民族的和谐团结，必须解决洛沙姆帕人问题。洛沙姆帕人是在 19 世纪以后大量涌入不丹的。这一族群不仅在数量上占有优势，其政治影响力也随着不丹的现代化推进而不断地拓展。洛沙姆帕人起初只是从事农业和建筑业生产的廉价劳动力，渐渐地，他们开始"占领土地并控制农场"，许多讲尼泊尔语、受过教育的洛沙姆帕人成为政府高级官员。[1] 不丹前国王吉格梅·辛格·旺楚克认为不丹增加的洛沙姆帕人是对不丹的一个威胁，[2] 于是 20 世纪 80 年代，不丹重新重视民族团结问题。

20 世纪 80 年代之前，洛沙姆帕人可以成为国民议会的议员，他们也可以在自己的学校进行尼泊尔语教学，尼泊尔语甚至可以成为官方语言。80 年代以后，国王通过"一国，一民"的民族文化同质化的政策，塑造文化统一性。其中一项举措是公民资格审查。不丹在 1958 年制定了《公民法》，1985 年修订了该法案，在此基础上不丹还对 1964 年、1977 年两次人口普

---

① Pujya Pascal, Lhotshampas: *A community that Bhutan abandoned*, March 27, 2011, https://in. news. yahoo. com/lhotshampas-community-bhutan-abandoned – 20110326 – 221440 – 303. html.

② Chronology for Lhotshampas in Bhutan, http://www. refworld. org/cgi-bin/texis/vtx/rwmain? page = country&category = &publisher = MARP&type = &coi = BTN&rid = &docid = 469f386a1e&skip = 0.

查结果进行重新审查，1988 年又一次进行人口普查，同时新
《公民法》生效。这次人口普查和公民法案的出台导致洛沙姆
帕难民问题的形成。1989 年，旺楚克国王继续推进"国家文化
融合"的政策，他按照竺克巴文化规范所有族群的行为方式，
包括强制所有人穿着不丹服装"果"（gho）① 和"乞拉"（ki-
la），提高宗卡语的覆盖率。1989 年 1 月 6 日，国王颁布了
《着装法》（Driglamnamzha），对人民着装、饮食等日常行为予
以规范，对违反规定的人员实行监禁一周和罚款的处罚。统一
官方语言，不丹的学校教育中都采用宗卡语教学，而且从 2017
年起，不丹各类学校的学生必须接受宗卡语考试方可以升入更
高一年级。②

二　从专制到民主的政治变革

1907 年不丹结束了沙布东双重政体，建立了世俗的皇权。
2008 年不丹政治再次发生巨大变革，封建君主制在国王的推动
下演变为君主立宪的议会民主制。一直以来，不丹被世界认为
是一个"和谐""安宁"的国家。然而在它"平静"的背后却
无法掩盖社会变革的狂涛巨浪。

罗斯托（Dankwart A. Rustow）在"民主转型模型"理论中
曾提出"四种类型"民主的实现路径。在第二种类型中，罗斯
托认为国家共同体发轫于准备阶段，而且是因国家陷入一定程

---

① "果"，与我国藏族同胞的服饰相似，是一种齐膝的长袍，中间用腰带束着；"克
拉"从肩到踝的长袍，用腰带束着，配有金银器物装饰。

② 参见不丹首相所作的，并于 2017 年 6 月 19 日第 9 届议会通过的《国家声明》报
告，"the state of the nation"，www. cabinet. gov. bt.

度的政治斗争、经历冲突和暴力而产生，或许政治改革的决策者不愿意直接面对这样的现实。他说："一个国家很可能通过照搬以前一些民主政体的宪法或议会惯例来实现民主，而不是以诚实的方式去面对其具体冲突，并制定或调整有效的程序来实现和解。"① 罗斯托的理论可以准确地诠释不丹的政治变化。不丹国王在对不丹国家安全风险认知的基础上，践行着自我革命的民主改革模式。

2018 年 10 月 18 日，不丹国民议会举行了民主改革以来的第三次选举，全国共有 438663 名注册选民，共 313473 人参加了投票，投票率为 71.46%。前执政党不丹人民民主党（PDP）在首轮选举中被淘汰。②

进入国民议会的第二轮也就是最后一轮选举，被称为带有"社会主义性质"的不丹统一党（Druk Nyamrup Tshogpa），以超过 17 万张选票和 54.9% 的得票率一举击败前议会的反对党繁荣进步党（Druk Phuensum Tshogpa，DPT），获得 30 个席位，而繁荣进步党只获得了 17 个席位。③

不丹的政治改革，一方面转移了指向封建皇权的社会矛盾冲突；另一方面把政治民主生活限制在可控的体制范围内，使得激进的不丹人民党等政党被排斥在体制外，暂时地实现了不丹的政治安全。

---

① Dankwart A. Rustow，"Transitions to Democracy: Toward a Dynamic Model"，*Comparative Politics*，Vol. 2，No. 3（Apr.，1970），p. 354.

② 杜敏、李泉：《不丹 2018 年大选：特点、原因与未来走向》，《南亚研究季刊》2018 年第 4 期。

③ 杜敏、李泉：《不丹 2018 年大选：特点、原因与未来走向》。

三 从单边到多边的外交拓展

不丹的国家安全与主权独立的风险主要是来自邻邦印度。印度自 1947 年独立以来，以殖民主义思想看待不丹的存在，将其视为自己的势力范围。为免于被印度吞并，不丹在 1949 年 8 月 8 日与其签订了《永久和平与友好条约》，以牺牲外交权利换取了印度每年 500 万卢比的抵偿金及归还 32 平方英里的土地。在这种特殊关系的维系下，20 世纪 50 年代不丹的外交一边倒地倾向了印度。不丹对印度依赖的同时，也一直对印度心存芥蒂。1958 年尼赫鲁访问不丹，试图打消这种顾虑，作了公开表示，愿意让不丹成为一个"按照自己的生活方式发展"的"独立国家"。①

60 年代以后的不丹国家安全意识增强，与印度的隔阂也在变大。印度对不丹外交的影响激起了不丹国内的反对浪潮。60 年代中期不丹王室以首相多吉（Jigme Palden Dorji）为代表的"现代派"与纳姆耶尔（Namgyal Bahadur）代表的"保守派"之间发生斗争，其焦点直接指向印度对不丹主权干涉的问题②，加之 1965 年发生了针对吉格梅·辛格·旺楚克国王的刺杀事件，③ 不丹的国家安全意识在印度的区域霸权政策影响下更加

---

① Lham Dorji, *WANGCHUCK DYNASTY* 100 *Years of Enlightened Monarchy in Bhutan*, Published by the Centre for Bhutan Studies, p. 59.

② Medha Bisht, "Bhutan's Foreign Policy Determinants: An Assessment", *Strategic Analysis*, Vol. 36, Issue 1, pp. 57 - 72, https: //doi. org/10. 1080/09700161. 2012. 628481.

③ 按照尼泊尔媒体报道，此次刺杀行动的背后有印度军事训练团指挥官在背后支持。参见 Dr. Lopamudra Bandyopadhyay, Indo-Bhutanese Relations: A Historical Perspective, p. 61, November 9, 2009.

敏感。

20 世纪 70 年代，不丹以拓展更加广阔的外交空间来获得国际社会的承认，以应对印度的约束。1971 年 9 月不丹加入联合国，成为联合国第 129 个国家。加入联合国让不丹感受到自己具有主权独立性，改变了之前"非完全主权国家"[①] 身份。1970 年不丹成立国外事务部，1972 年该部门升格为一个独立的部门，截至 2013 年，不丹已与世界上 53 个国家建立外交关系，截至 2005 年，不丹参加了包括联合国在内的 54 个国际组织。[②] 不丹政府明确表示，不丹发展国际关系的原则是"努力促进与各国的友谊和合作，促进对国际法和条约义务的尊重，并鼓励以和平方式解决国际争端，以便促进国际和平与安全"。并在该原则指导下实现"加强和维护国家安全"从而促进"世界的和平安全"。[③] 2018 年大选上台的不丹统一党领导的新一届政府在外交上必然会继续争取"完全"主权而努力，相信执政党与反对党繁荣进步党在这一问题上也会达成共识。[④]

---

①　不丹国王在 20 世纪 60 年代曾表示，因为 1949 年与印度的"友好条约"，不丹并非是一个 100% 的独立国家，参见"全球安全"官方网站文章，"Bhutan-India Relations"，https：//www.globalsecurity.org/military/world/bhutan/forrel-in.htm.

②　《双边关系》，不丹外交部网站，2018 年 2 月 8 日，http：//www.mfa.gov.bt/？page_id = 59.

③　《不丹外交政策》，不丹外交部网站，2018 年 2 月 8 日，http：//www.mfa.gov.bt/？page_id = 55.

④　杜敏、李泉：《不丹 2018 年大选：特点、原因与未来走向》，《南亚研究季刊》2018 年第 4 期。

第 四 章

21 世纪不丹的政治变革的内容

第一节 宪法创制

一 宪法创制历程

不丹的成文宪法是 21 世纪初期在国家政治转型时才开始创制的。20 世纪中叶，吉格梅·多吉·旺楚克创制了第一部宪法性的法律《最高法律》（*Thrimzhung Chenmo*）。《最高法律》草案起草始于国民议会的成立。该草案 1953 年第一次提交国民议会，历时 6 年，直到 1959 年才得到国民议会批准并生效。[①] 国家委员会的相关记录表明，从 1954 年春季第二届会议到第十一届会议（1958 年秋季），国民议会的主要工作是制定这项法律（国家委员会决议）。作为"最高法律"，它的制定需国王提出

---

① Richard Whitecross, "The Thrimzhung Chenmo and the Emergence of the Contemporary Bhutanese Legal System", https://www.researchgate.net/publication/239579025_THE_THRIMZHUNG_CHENMO_AND_THE_EMERGENCE_OF_THE_CONTEMPORARY_BHUTAN-ESE_LEGAL_SYSTEM1.

相关意见，国民议会负责讨论、创制。鉴于早期的法律文本和法典的精神，《最高法律》序言中指出应当考虑现有的宗教和世俗法律。根据这项规定，《最高法律》决定哪些应保留，哪些应放弃。《最高法律》考虑了当时不丹的习惯法，虽然保留了一些方面，但大多数习惯法因与《最高法律》的主旨精神不相匹配或不相适应，而被放弃。

1959 年制定的《最高法律》是不丹法制历史上第一部综合法典，它涵盖了所有的民事和刑事问题，包括土地分配、婚姻、遗产、量刑、盗窃和谋杀等方面。虽然后来的立法活动修订了许多章节，但《最高法律》被认为是不丹后来颁布的所有法律的基础。这部新法典奠定了不丹建立、实施新法律和构建现代民族国家所需的正式政治法律体系的法理基础，因而这部法律被认为是与现代不丹民族国家有着内在联系的一部法律。①

1960 年，几个宗的地区法院第一次任命了代理法官（Thrimpon）。1967 年高等法院成立后，所有宗都任命了法官。20 世纪 90 年代，不丹的司法结构发生了重大变化。21 世纪初期，"法律事务部"的成立是不丹最重要的法治体系结构变革活动。

2001 年，第四世国王吉格梅·辛格·旺楚克启动了不丹第一部成文宪法的创制工作，主张实行君主立宪制，推动两党制的选举制度，并对国王 65 岁退休做出强制性规定。2005 年 12

① Richard Whitecross, "The Thrimzhung Chenmo and the Emergence of the Contemporary Bhutanese Legal System", https：//www. researchgate. net/publication/239579025 _ THE _ THRIMZHUNG_CHENMO_AND_THE_EMERGENCE_OF_THE_CONTEMPORARY_BHUTAN-ESE_LEGAL_SYSTEM1.

月17日，不丹国庆日，年仅50岁的吉格梅·辛格·旺楚克国王宣布他将让位给他的儿子、法定继承人吉格梅·凯萨尔·纳姆耶尔·旺楚克。第四任国王还和王储前往全国各地，与农民、牧民、僧侣和工程师等基层民众讨论国家宪法草案。

2006年12月吉格梅·凯萨尔·纳姆耶尔·旺楚克正式接替他的父亲成为不丹第五任国王。2008年5月8—30日，新产生的第一届议会举行的第一次联席会议审议了宪法草案。2008年7月18日，国王和国会议员在扎西确宗〔(Trashi Chhoe Dzongkhag)，中央政府所在地，也是不丹国王办公的地方〕签署了不丹最后定稿的宪法。吉格梅·凯萨尔·纳姆耶尔·旺楚克国王在签署之前说："这是人民的宪法。"不丹第一部成文宪法根据提高国民幸福总值的指导思想，指引不丹的现代化旅程。

2008年7月18日，不丹通过了第一部宪法，并举行了第一次选举，成为世界上最年轻的民主国家之一。

不丹成文宪法产生的历史不长，但酝酿已久。吉格梅·辛格·旺楚克国王在位时期，曾进行多项政治改革，把国家治理权力授予基层民众。早在20世纪80年代吉格梅·辛格·旺楚克国王就希望把王国最终发展成为一个民有、民治、民享的政府。① 宪法的最终诞生离不开不丹执政者对议会民主的追求。吉格梅·辛格·旺楚克国王认为不丹应该制定一部宪法，以明确规定执政者和民众的权利和义务。同时，国王建议宪法应当具有以下必要内容：

1. 介绍（序言）；2. 基本权利和义务；3. 关于国王的作用

---

① Lyonpo Sonam Tobgye, "The Constitution of Bhutan: Principles and Philosophies", http://www.judiciary.gov.bt/education/constitutionphilosophies.pdf.

和责任的条款；4. 与行政人员有关的条款；5. 有关立法机构的条款；6. 地方政府的相关条款；7. 有关司法的条款，包括设立不丹最高法院；8. 涵盖审计长、反腐败委员会、皇家公务员委员会等的条款；9. 对国家、政府和人民必要的、有益的其他宪法条款；10. 宪法修正的相关条款。①

　　不丹历史上第一部成文宪法是不丹民主改革不断深化的成果，是政府官员和立法机构酝酿 7 年而产生的。现行宪法以佛教哲学、国际人权公约为基础，借鉴了其他 20 部现代宪法、现行法律的经验尤其是南非宪法在保障公民权利方面的经验。

　　2001 年 9 月 4 日，国王吉格梅·辛格·旺楚克发布了历史性的命令，要求颁布王国的成文宪法。国王宣布不丹将接受民主制度，从而让国内外感到震惊。随即，吉格梅·辛格·旺楚克国王向内阁会议、首席法官和皇家咨询委员会主席告知起草不丹王国成文宪法的必要性。吉格梅·辛格·旺楚克国王表达了他的愿望，即内阁（Lhengye Zhungtshog）和首席法官应该就制定宪法草案进行讨论。他说："不丹不可能有比现在更好的机会，也永远不会再找到这样一个机会来制定一部宪法，以提供一个最适合我国未来福祉的民主政治制度。今天，国王、政府、神职人员和社会各阶层的人民胸怀前所未有的信任和忠诚。国家安全得到保障，人民安居乐业。不丹与其亲密的朋友和邻国的关系达到了一个新的高度，我国同发展伙伴，以及支持王国有益的发展和变革政策的其他国家的关系日益密切。在许多

---

① Lyonpo Sonam Tobgye, "The Constitution of Bhutan: Principles and Philosophies", http://www.judiciary.gov.bt/education/constitutionphilosophies.pdf.

国家，宪法是在困境时期，在政治影响和利益的压力下起草的，但不丹很幸运，这种变革没有受到任何压力或强迫。"①虽然不丹没有正式的宪法，但吉格梅·辛格·旺楚克国王认为宪法的所有原则和规定都包括在指导国王的行动及王国政府、司法和国民议会运作的各种成文法律之中。创制宪法对从未有过成文宪法的不丹以及内阁与首席法官来说，无疑难度巨大。但是吉格梅·辛格·旺楚克国王依旧坚持认为经过经济发展、社会进步，国家和人民成功地实现了"政治成熟"，不丹王国到可以制定也需要制定正式宪法的时候了。

不丹虽然属于不发达的农业国家，生产结构单一，但是从 20 世纪 70 年代以来，国家在经济发展、社会进步方面取得了诸多成就。人民的幸福指数也不断攀升。因此，吉格梅·辛格·旺楚克国王强调宪法必须保护和促进人民与国家已经取得的及未来必将拥有的福祉。他主张宪法必须确保不丹有一个能够提供和平与稳定的政治制度，并加强和维护不丹的安全与主权。吉格梅·辛格·旺楚克国王甚至还直接向内阁建议建立一个委员会来起草不丹王国的宪法。吉格梅·辛格·旺楚克国王要求，起草委员会应由政府官员、国民议会成员和对不丹法律有充分了解的杰出公民组成，他们能够为起草宪法作出贡献。

2001 年 11 月 30 日，国王举行了起草仪式。国王任命了以前高等法院首席大法官托布叶（Lyonpo Sonam Tobgye）为首的

① Sonam Tobgye and Thrimchi Lyonpo, "The Making of the Constitution and Democracy in Bhutan", http://www.ipajournal.com/2012/09/27/the-making-of-the-constitution-and-democracy-in-bhutan/.

39 名成员组成宪法起草委员会。起草委员会的成员来自各个阶层和各个部门，基础广泛。其中包括国民议会议员，皇家咨询委员会、司法机构和政府的代表以及 20 名来自各个宗的由选举产生的代表。

在第四世国王启动起草宪法的仪式后，起草委员会的第一次会议于 2001 年 11 月 30—12 月 14 日在廷布的皇家宴会厅举行，随后又在普纳卡（Punakha）、布姆唐（Bumthang）和廷布连续举行了八次会议。宪法初稿于 2002 年 12 月 9 日起草完毕，并呈交国王。2003 年 6 月 11 日宪法草案第二稿再次呈交国王。2005 年 8 月 18 日，宪法草案在呈交国王后，公开发布，并递交给驻廷布的各个国际组织办事处。2005 年，皇家政府向地方政府和公务人员分发了草案的副本。此外，宪法草案还向 20 个宗发布，以便让人民能够充分了解其内容。2006 年 3 月 26 日，宪法草案在互联网上公开发布。

按照国王的规划，在接下来的 2006 年和 2007 年的两年里，选举委员会将对人民进行议会民主进程教育，并在所有 20 个宗举行选举操作会议。吉格梅·辛格·旺楚克国王认为，经过 26 年的权力下放，不丹人民将能够选举出可以提供良好治理并为国家利益服务的最佳政党。吉格梅·辛格·旺楚克国王说："我希望我们的人民知道，在议会民主制度下选举政府的第一次全国选举将于 2008 年举行。"①

2008 年 7 月 18 日，不丹年历中第 5 个月的第 15 天，当时 27 岁的不丹第五任国王吉格梅·凯萨尔·纳姆耶尔·旺楚克选

---

① "His Majesty the King's National Day address on December 17, 2005", https://www.raonline.ch/pages/bt/rfam/bt_royalfam01b1.html.

择在这天代表全体国民批准了这份历史性的宪法。随着新宪法的签署，不丹正式完成了从君主制向议会民主制的转变。国王用一支蘸取了金色墨水的木制钢笔，在宪法文本的扉页上签下了名字，标志着新宪法正式开始生效。

二　宪法的主要内容

不丹法律的基础是成文法律和条约。宪法创制之前，各项法律是由不丹国王颁布的。2008 年宪法创制后，不丹的最高法律是目前的成文宪法。根据不丹宪法规定，法律的实行需要经由议会及国王的同意。不丹法律的最终权威解释权在最高法院。宪法具有溯及力，即 2008 年之前的不丹法律，只有不与 2008 年宪法冲突才具有法律效力。

2008 年通过的不丹宪法包括序言和 35 章。其内容如下：序言；第一章，不丹王国；第二章，君主制度；第三章，精神遗产；第四章，文化；第五章，环境；第六章，公民身份；第七章，基本权利；第八章，基本义务；第九章，国家政策原则；第十章，议会；第十一章，国民议会；第十二章，全国委员会；第十三章，法案的通过；第十四章，金融、贸易和商业；第十五章，政党；第十六章，公共竞选经费筹措；第十七章，政府的组建；第十八章，反对党；第十九章，临时政府；第二十章，政府；第二十一章，司法机关；第二十二章，地方政府；第二十三章，选举；第二十四章，选举委员会；第二十五章，皇家审计局；第二十六章，皇家公务员委员会；第二十七章，反腐败委员会；第二十八章，国防；第二十九章，检察长；第三十

章，支付委员会；第三十一章，宪法办事处的成员；第三十二
章，弹劾；第三十三章，紧急条款；第三十四章，全民公决；
第三十五章，宪法的修改和权威性文本。

不丹宪法起草委员会认为，不丹是一个小国，安全和主权
是最重要的。这也是吉格梅·辛格·旺楚克国王的意见，在起
草之前，国王向宪法起草委员会规定了在起草宪法时应铭记的
重要目标是保障"国家主权和安全"以及"国家利益和人民福
利"。因此，为了实现国家的目标和追求个人权利和自由，委
员会在起草宪法时考虑了以下参考文献和意见：

（1）宪法的种类和目标；（2）民主的种类；（3）宪法价
值、原则和正义；（4）宪法的宗教、文化、哲学和政治基础；
（5）新出现的法律范例，以及社会和道德控制；（6）利益理
论；（7）法规、不丹法令、国王的讲话和王国的政策；（8）匿
名者、化名者和媒体的评论，国际机构、个人和王国政府各部
的评论；（9）委员会会议记录和公众咨询的笔录；（10）从世
界各地许多宪法危机中吸取的教训；（11）许多宪法中的条款、
句子、条文、规范性和非规范性权利、宣告性申明，还有审议
了的具有里程碑意义的判决和宪法条款。①

在不丹，通过公民投票修改宪法基本结构的权力属于人民，
根据宪法第 1 条第 1 款，主权权力属于不丹人民。按照不丹国
王的说法，保障人民的权利是宪法的原则，而立法权由宪法授
予代议制议会。

---

① Sonam Tobgye and Thrimchi Lyonpo, "The Making of the Constitution and Democracy in Bhutan", http：//www. ipajournal. com/2012/09/27/the-making-of-the-constitution-and-democracy-in-bhutan/.

不过，相较于其他君主立宪制，不丹宪法授予了国王（Druk Gyalpo）巨大的权力，如国王可以解除总理的职务或解散内阁，以及召开特别会议。此外，国王还拥有广泛的立法权，包括对新法创制的"赞同权"，国王可以利用该权来阻止议会两院通过的法律生效。议会不能修改国王的任何宪法权力；如需变更国王的权力只能通过全民投票来实现。

当然，宪法也对国王的权力做出了一定的限制：议会 3/4 的议员可以通过一项让他退位的动议，该动议随后将提交全民公投。2008 年不丹新宪法规定国王 65 岁退休。

第二节　意识形态

21 世纪以来，不丹的政治格局发生了翻天覆地的变化。吉格梅·辛格·旺楚克国王鼓励成立政党参与政治生活，来重新改造国家的政治结构。但是，国王发起的从上至下的君主立宪制改革，并没有为政党意识形态的多样化留足空间。2008 年大选至今的三次不丹议会选举中，各政党在意识形态上大同小异，所有政党都在自己的竞选宣言中主张坚持"国民幸福总值"的哲学思想。据不丹研究中心称，早在 17 世纪，藏传佛教引入不丹后，不丹就有了"国民幸福总值"的概念和以增进人民福祉为主的集体目标。佛教僧侣在不丹后来的文化和社会叙事中扮演了重要的角色。

不丹 1729 年的法典曾作出规定，"如果政府不能为人民创造幸福，那么政府就没有存在的意义"。① 该法典强调，不丹作为一个佛教国家，必须实现所有人的幸福，建设与自然和谐相处的、繁荣的人类社会，而不是仅仅强调经济发展。作为佛教国家的不丹，在其现代化的进程中，佛教思想与现代经济发展理念在意识形态上成功嫁接，成为不丹政治生活中的指导思想。不丹在 20 世纪 70 年代初开始逐步塑造"国民幸福总值"的国家治理指导思想。第四任国王提出了"国民幸福总值"的概念，并极力推动政府以制度化的形式将这一概念固定下来，使它成为不丹治理体系的一个重要组成部分。吉格梅·辛格·旺楚克认为"国民幸福总值"比"国内生产总值"更加重要。为此，不丹逐步建立起用"国民幸福总值"取代国际社会通用的"国内生产总值"作为衡量国家发展水平的指标体系。不丹"国民幸福总值"概念既有佛教文化的哲学意蕴，也是一个综合指标体系，它以"总体福祉"作为标准衡量国家发展的状况，而不是像国内生产总值（GDP）那样仅仅依赖于社会经济发展指标来评判。不丹提出的"国民幸福总值"思想受到了国际社会普遍好评。国际货币基金组织对此评价道："不丹外部和内部思想的融合为其提供了一个理想的模板，可以解决诸如气候变化、可持续发展目标和发展中国家由于全球化出现的不公正等全球问题。这个模式最初是哲学和宗教的世界观，后来细化成"国民幸福总值"指数中的诸多指标，形成了一个较为健全的制度化框架。这一框架为世界其他国家提供了对不丹发展政策、理念的最新理解。此外，它还使不丹能够在其治理框

---

① 参见不丹"国民幸福总值"中心官方网站，"History of GNH"，http://www.gnh-centrebhutan.org/what-is-gnh/history-of-gnh/.

架内把幸福作为一种政策工具来反复灌输。"①

2005 年，不丹王国政府决定制定"国民幸福总值"指数，将其从学术概念转变为可测量的指标。最初设置这些指标的目的是核查政府政策是否与"国民幸福总值"理念一致。政府旨在通过采取适当的措施切实执行提高"国民幸福总值"的政策，为决策者和公民更好地了解"国民幸福总值"创造条件。

2008 年不丹通过的宪法第九条规定，"国家努力创造提高'国民幸福总值'的条件"。2011 年 7 月 19 日，联合国大会通过了一项不具约束力的决议，建议使用"国民幸福总值"作为国际发展指标，这预示着"国民幸福总值"概念得到了国际社会的认可。2012 年 4 月，"国民幸福总值"作为一种新的全球经济范式在联合国大会期间再次被公开讨论。同年，联合国宣布 3 月 20 日为"国际幸福日"。

一 "国民幸福总值"的内涵

"国民幸福总值"的概念是由不丹第四任国王吉格梅·辛格·旺楚克在 20 世纪 70 年代初提出的。当时，国王谈及国民幸福指数时，指出了现行衡量体系的弊端，认为仅凭提高国内生产总值就能增进社会福祉的合理性，是值得商榷的。吉格梅·辛格·旺楚克国王坚信幸福是一个可以衡量的"指标"，是不丹人民进步发展的标志。

---

① 参见国际货币基金组织 2019 年 1 月发布的文件《不丹王国国民幸福总值和宏观经济指标》，Sriram Balasubramanian and Paul Cashin（Prepared），"Gross National Happiness and Macroeconomic Indicators in the Kingdom of Bhutan"，2019 International Monetary Fund.

"国民幸福总值"是一种整体的、可持续的发展方式，它在物质和非物质的"价值与人类追求幸福的信念"之间取得平衡。"国民幸福总值"的目标是促使生活的所有重要领域实现平衡发展，最终实现不丹人民的幸福生活。

"国民幸福总值"概念在不丹被演化为哲学思想，且被意识形态化，同时又把认知上的主观幸福体验客观化。不丹王国赋予了"国民幸福总值"多元化的内涵，反对对"幸福"进行主观化、一元化的理解；不丹人在定义幸福时明确地将责任和其他相关动机内在化。① 这一客观化的过程，也是"国民幸福总值"概念具体化的过程。它立足于 4 个"支柱"，即"可持续的社会、经济发展""保护和促进文化""环境保护"及"良好的治理（善治）"。这 4 个"支柱"可以进一步具体化为9 个维度（领域）："生活水平""教育""健康""环境""社区的活力""时间利用""心理健康""良好的治理""文化多样性与韧性"。"心理健康"不仅指人的情感，也指人的"灵性"；"生活水平"是由一些客观因素来衡量的，比如收入、资产和生活负担；"健康"意味着身体没有伤痛，精神方面也没有创伤；"教育"不仅指正规学校教育，还指"对不丹文化和法律的认识以及对某些道德价值观的认同"；"文化多样性与韧性"反映了艺术、手工艺的水平以及人们参与节庆的程度；在"时间利用"方面，人们关注的是有收入的工作、义劳劳动、休闲时间和睡眠之间的平衡；"良好的治理"是指人们能够参与政治活动，并能得到社会公共服务的程度；"社区的活力"

————————

① Haoqian Chen, "An Analysis of Bhutan's Gross National Happiness", *Seven Pillars Institute Moral Cents*, Vol. 4, Issue 2, Summer/Fall 2015.

问题涉及社会安全、慈善工作、信任关系和家庭纽带等方面；"环境"是指与生物多样性和污染有关的生态环境。①

2005 年 6 月 21 日，不丹前首相吉格梅·廷里（Jigmi Y. Thinley）在加拿大哈利法克斯参加第二届"国民幸福总值"国际会议上对"国民幸福总值"作出了四个方面的解释。吉格梅·廷里认为"国民幸福总值"提供了一种更加理性和人性化的发展方式：第一，"国民幸福总值"代表了个人的整体需求——包括身体和精神的健康。他说："不可否认，物质发展的方式可以增进身体健康，但是受物质环境制约的精神状态也许比身体更重要。"② 第二，"'国民幸福总值'寻求促进一种有意识的、内在的对幸福的追求和必要的技能，这些技能必须与有益的管理和外部环境的发展相协调"③。第三，"国民幸福总值"还意味着，幸福不应被视为满足个人需要的竞争性商品。"'国民幸福总值'属于在更大的社会效益背景下去追求和实现不丹人民幸福，从而为个人持续的幸福提供最大可能性。"④ 廷里提出，"如果个人不负责地、不惜一切代价地在零和游戏中竞争，整个社会就无法获得幸福。因此不丹将通过制度设置来为'国民幸福总值'的实现保驾护航"。他还指出，"'国民幸福总值'强调应通过公共政策直接解决集体幸福问题"，即使"国民幸

---

① Haoqian Chen, "An Analysis of Bhutan's Gross National Happiness", *Seven Pillars Institute Moral Cents*, Vol. 4, Issue 2, Summer/Fall 2015.

② 参见不丹前首相吉格梅·廷里 2005 年 6 月 21 日在加拿大哈利法克斯举办的第二届"国民幸福总值"国际会议上的讲话。

③ 参见不丹前首相吉格梅·廷里 2005 年 6 月 21 日在加拿大哈利法克斯举办的第二届"国民幸福总值"国际会议上的讲话。

④ 参见不丹前首相吉格梅·廷里 2005 年 6 月 21 日在加拿大哈利法克斯举办的第二届"国民幸福总值"国际会议上的讲话。

福总值"成为社会发展计划明确的、可执行的标准。第四,追求幸福是全体公民个人和集体最普遍的愿望,而且它超越了意识形态或有争议的价值观,基于"国民幸福总值"的公共政策将会比基于经济标准的公共政策更加科学。

二 不丹"国民幸福总值"的结构要素

按照不丹"国民幸福总值"中心对"国民幸福总值"的解释,不丹的"国民幸福总值"是由 4 个"支柱"、9 个"维度"和 33 个要素、124 个变量构成的指标体系。

1. 4 个"支柱"

(1)良好的治理(善治)

"善治"被认为是幸福的支柱之一,它是不丹走向繁荣的先决条件和制度因素。不丹制定的政策和规划必须与"国民幸福总值"的价值观一致,甚至政府也采取某些具体措施,以确保这些价值观能够嵌入社会政策。

(2)可持续的社会经济发展

可持续的社会经济发展意味着"国民幸福总值"在经济发展的着力点上需要重视"家庭"这一重要的社会"细胞",注重经济发展服务于"自由时间和休闲"的生活方式。

(3)保护和繁荣文化

保护和繁荣文化是指对不丹传统文化的保护。发展文化韧性指的是增强保持和发展文化认同、学习和实践的能力,增强克服来自其他规范和理想的挑战以及战胜这些困难的能力。

（4）环境保护

环境保护是"国民幸福总值"的一个关键要素。良好的自然环境除了提供如"水""能源"这些人类生存的基础条件之外，还有助于人类审美的发展。清新的空气、安静的环境让人享受并陶醉于生动的"自然界"。

2. 9 个"维度"

9 个"维度"也称为 9 个"领域"，是对 4 个"支柱"的进一步阐述。它们详细阐述了组成"国民幸福总值"的不同元素，形成了"国民幸福总值"测量、指标和筛选工具的基础。"国民幸福总值"具体包括："生活水平""健康""心理健康""环境""社区活力""良好的治理""文化多样性与韧性""教育""时间利用"。

（1）"生活水平"这个维度指的是由收入、经济保障条件、住房和资产所有权所衡量的物质舒适水平；（2）"健康"指的是人的身体和精神状况，包括身体和精神状态两个方面，健康的生活质量意味着人们在日常活动中不会感到过度的疲劳或身体压力；（3）"心理健康"包括"灵性"，对生活满意度的评估，以及对生活中的事件所作出的积极和消极的情感反应；（4）"环境"：追踪人们对包括地震、火灾等周围环境状况的感知和评价，以及他们的环保行为；（5）"社区活力"：考察的是社区内部、家庭和朋友之间的关系及它们之间的互动，还包括类似志愿者的实践互助活动；（6）"良好的治理"：人们如何看待政府职能和评价公共服务的质量，探讨了人们参与选举和政府决策的程度，以及他们对各种权利和自由的评价；（7）"文化多样性与韧性"：显示了传统文化的多样性和魅力，包括节日、规范性和创造性艺术；（8）"教育"包括正式教育和非正式教育，是对每个人的知识、价值观和技能的评价；（9）"时间利用"：分析了工作、休闲、照顾家人和睡眠等活动所花费时间的性质，强调保持工作和生活之间和谐、平衡的重要性。

3. 33 个集群指标（包括 124 个变量）

"国民幸福总值"的指标体系，是其作为意识形态的具体化。它的建立旨在实现以下目标[①]：

第一，建立一个全面发展的替代框架，而不仅仅是局限于物质上的满足；

第二，它必须为不同部门提供详细的指标，以便指导社会各部门的发展（例如电力供应或医院）；

第三，根据"国民幸福总值"指标筛选的结果，将成为政府配置资源的标准；

第四，它必须用通俗易懂的方法衡量人们的幸福和福祉；

第五，它必须按照时间来衡量国家的发展情况，最好是每两年一次；

第六，它必须在全国范围内来比较进展情况。

每个"维度"设置了 2—4 个具体指标，共 33 个集群指标构成了"国民幸福总值"的指标体系。

（1）"心理健康"包括"生活满足""积极的情绪""负面的情绪""精神"，其权重分别为 1/3、1/6、1/6、1/3；

（2）"健康"包括"自我报告健康状况""健康天数""残疾""精神健康"，其权重分别为 1/10、3/10、3/10 和 3/10；

---

① Devan Pillay, "Happiness, wellbeing and ecosocialism-a radical humanist perspective", *Globalizations*, https://doi.org/10.1080/14747731.2019.1652470.

（3）"时间利用"分为工作和睡眠，其权重分别为1/2；

（4）"教育"包括"识字""教育""知识"和"价值"，其权重分别为3/10、3/10、1/5、1/5；

（5）"文化多样性与韧性"包括"工匠技能"（Zorigchusum）、"文化参与""说母语""行为准则"（Driglam Namzha），其权重分别为3/10、3/10、1/5、1/5；

（6）"良好的治理"包括"政治参与""服务""治理绩效""基本权利"，其占比分别为2/5、2/5、1/10、1/10；

（7）"社区活力"包括"捐款"（时间和金钱）、"安全""社区关系""家庭"，其占比分别为3/10、3/10、1/5、1/5；

（8）"环境"包括"伤害野生动物""城市问题""对环境负责""生态问题"，其占比分别为2/5、2/5、1/10、1/10；

（9）"生活水平"包括"收入""资产""住房"三个方面，每个方面占1/3。

"国民幸福总值"是不丹王国发展的意识形态，在政治博弈中，它是各个政党必须遵守的规范。同时，"国民幸福总值"属于国家政治、经济、文化发展的指导思想，也被具体为政策实施中的指标。它甚至被直接融入到不丹国家发展的"五年计划"（FYP）中。不丹自第10个"五年计划"以来，已形成了一个在"国民幸福总值"指导下的经济、社会发展框架，"五年计划"所涉及的个别部门和16个国家重点发展领域都反映了不丹王国"国民幸福总值"的"四大支柱"。2012年4月，在联合国倡导可持续发展目标（SDG）的建设问题时，不丹提出的"国民幸福总值"作为一种新的全球经济范式在联合国大会中被讨论。

三　不丹"国民幸福总值"的发展水平

"国民幸福总值"的指标体系于 2005 年创制后，不丹分别于 2007 年、2010 年、2015 年三次在全国范围内对民众的"幸福水平"进行调查测算。

2007 年 12 月在对测算"国民幸福总值"的量表反复推敲和改进之后，不丹研究中心在全国 12 个地区进行了首次"国民幸福总值"调查。2007 年的调查问卷包含了 750 个变量，调查的样本涉及 950 人。①

2010 年 4 月，"国民幸福总值"第二次调查开始启动，历时近 9 个月，即 2010 年 12 月调查宣告完成。2010 年的调查范围涵盖了不丹绝大多数的城市和乡村，覆盖了全国 20 个宗，所有的县，样本量为 8510 人。此次调查比 2007 年调查更具广泛性。尽管此次调查只有 250 个变量，但是调查内容更为精准。调查结果显示，2007 年不丹的"国民幸福总值"为 0.743。2010 年该指数为 0.756，较 2007 年有所改善。

2015 年，不丹"国民幸福总值"研究中心（CBS）进行了第三次全国性的"国民幸福总值"调查。此次"国民幸福总值"的调查量表涵盖了 9 个领域，148 个问题。2015 年的"国民幸福总值"调查样本达到了 8871 人。

为了开展这项调查，"国民幸福总值"研究中心招募了 66

---

① 参见国际货币基金组织 2019 年 1 月发布的文件《不丹王国国民幸福总值和宏观经济指标》，Sriram Balasubramanian and Paul Cashin（Prepared），"Gross National Happiness and Macroeconomic Indicators in the Kingdom of Bhutan"，2019，International Monetary Fund。

名大学毕业生为志愿者，并对他们进行了为期 13 天的培训。2015 年 1 月至 5 月，在"国民幸福总值"研究中心的监督下，调查团队分成了 6 支调查小组，走遍全国各地。他们走访了居住在不丹全部 20 个宗的 8871 名不丹人。不丹 2015 年的"国民幸福总值"调查覆盖了 7153 名年龄在 15 岁以上的成年人，占被调查人数的 81%。

2015 年在全国所有宗的城乡地区开展的调查活动，访问的对象包括没有接受过正规教育的基层公民、拥有研究生学历的高级知识分子，调查对象涵盖了学生、农民、老年人、商人、企业员工和政府雇员，因而，调查活动中使用了 10 种方言进行访谈。

2015 年的"国民幸福总值"的调查结果显示，有 91.2% 的不丹人感到幸福，其中 43.4% 的人感到非常幸福，这一比重高于 2010 年的 40.9%。[①]

"国民幸福总值"的调查结果也存在着性别差异：51% 的男性感到幸福，而女性只有 39%。但女性国民幸福指数的增长速度快于男性，表明了不丹在女性权利保护和性别平等方面取得了进步。

"国民幸福总值"的调查结果在城乡不同区域之间存在差异：生活在城市的 55% 的人感到幸福，在农村这个数字只有 38%。2015 年与 2010 年相比较，城市居民的幸福感比农村居民增加更多，因此城乡差距出现了扩大的趋势。

从教育视角来看，"国民幸福总值"指数随着教育水平的

———————

① 参见不丹"国民幸福总值"研究中心 2015 年发布的数据。

提高而有所增长。调查结果显示：没有接受正规教育的人中只有32%感到幸福，而高中及以上学历的人中有超过60%感到幸福。但那些没有接受正规教育的人的幸福感增长更快，不平等现象不断弱化。

2015年"国民幸福总值"调查结果表明，不同年龄阶段的人的幸福感差异较大。调查显示，30岁以下的人幸福感最高，70岁以上的人幸福感最低。但2010—2015年，感到幸福的老年人的比例增长更快。

从婚姻状况来看，未婚者（单身人士和僧侣）的幸福感最高，而寡妇的幸福感最低。

"国民幸福总值"在职业方面的差异性表现在：农民的幸福感最低，甚至低于失业者群体。家庭主妇的"国民幸福总值"水平也很低。自2010年以来，农民和失业者的"国民幸福总值"指数有所提高。

第三节　国家机构的变革

2008年不丹通过创制宪法实现了从君主制转向君主立宪制后，按照三权分立的模式设置了国家机构。不丹的立法机构是两院制的议会。行政机构是由总理负责的内阁、附属机构以及地方各级委员会。政治上获得独立的司法机构的主体是皇家法院，即不丹最高法院领导下的各级皇家法院。不丹宪法规定，在行政、司法、立法所有部门中，只允许行政人员和国民议会（议会下院）的成员可以有政党党员身份。

一　行政机构

政治改革前，不丹的最高行政首脑是不丹的国王（the Druk Gyalpo），他既是国家元首又是政府的首脑。国王下设两个附属机构即负责咨询和执行的组织：皇家咨询委员会（The Lhengyel Tsok or Royal Advisory Council）和部长委员会（the Council of Ministers）。另外，国王和皇家咨询委员会、部长委员会之间还设有一个协调和联系机构——皇家秘书处。

2008年不丹君主立宪制改革后，不丹首相成为政府首脑。在国民议会中获得多数席位的政党可以提名首相。首相主持部长会议。目前，不丹有10名部长分别负责领导各部委。最高行政机关的内阁，主要行政职能是筹划、协调国家政策并监督执行，概述国家行动目标并分配实现目标所需的资源，在国际交往中代表不丹王国。此外，议会还可以向国王提出建议，并对国王和立法机关负责。国王也可以主动向首相和部长会议寻求建议，特别是在国际事务方面，国王可以就国际问题向首相咨询，或听取其所作的相关汇报。

（一）皇家咨询委员会

皇家咨询委员会于1965年正式成立。1968年5月16日，国王任命了第一届咨询委员会成员，共6名。1953年的国民议会章程中规定皇家咨询委员会的成员同时也是国民议会的成员。在1965年从佛教机构、国民议会选举产生皇家咨询委员会的代表之后，皇家咨询委员会的作用更加重要。1989年，皇家咨询委员会成员包括1名政府代表、两名佛教界代表、6名地区代表和1名主席，他们的任期为5年。皇家咨询委员会主席和政府代表由国王任命；两名佛教界代表分别来自中央和地区的僧侣团体。根据1979年的议会成员条例，僧侣代表必须受过教育，并且"对不丹噶举派佛教非常了解"。

皇家咨询委员会行使监督机构的功能，确保政府执行的项目最符合人民的利益。它的职能是向国王提供咨询，根据国王的命令设立最后的"上诉法院"，以确保国民议会通过的法律得到执行。

（二）皇家秘书处（the Royal Secretariat）

20世纪60年代之前，皇家秘书处在政府事务中一直扮演着重要角色。皇家秘书处的主要官员是来自不丹皇家军队中的代表、皇家首席秘书和皇家财政大臣。然而，在部长委员会成立后，行政和财政事务随之转移出王宫，皇家秘书处的日常作用的重要性下降。不过，这两个机构之间的关系密切，部长通常从皇家秘书处挑选成员。

（三）内阁（Lhengye Zhungtshog）

不丹的内阁最早成立于1968年，最初它也被称为"部长委员会"。1999年以前，不丹内阁由国王吉格梅·辛格·旺楚克主持的部长委员会组成。1999年，作为迈向民主化的重要一步，国王解散了之前的内阁，并放弃了他在内阁决策中的角色。与此同时，有6名新部长候选人被提名，并提交国民议会，经过投票选举成为新部长和内阁成员。因此，不丹的内阁也有了"内阁部长委员会"（Council of Cabinet Ministers，CCM）的称谓。内阁部长委员会的主席从这6名部长中选出一名担任。当时，主席的职务由成员轮流担任，每位部长担任一年主席的职务，享有主席荣誉。

1999 年 7 月 26 日，国民议会在国王的建议下颁布了《内阁法案》（ *the Lhengye Zhungtsho Act* ）。这是不丹第一次编纂现代内阁的相关法案。1999 年不丹通过的《内阁法案》对内阁的构成、运行机制、功能等做出了规定。1999 年《内阁法案》规定，不丹王国政府的行政权来自国王，国王将国家治理的全部行政权移交给选举产生的"内阁部长委员会"。内阁是国家最高行政机构，内阁成员对国王和国民议会负责。作为最高行政机构的内阁不得发布任何与不丹法律不一致的行政命令、通告、规则或通知。

部长委员会最初是在国王领导下的行政机关，并没有设置首相（或总理）职务，但有一名部长作为委员会主席来领导；后来，这个职位被撤消，取而代之的是首相职位。

作为实行君主立宪制的不丹，行政权力转移给了内阁，内阁必须向国王提供帮助和建议。内阁与国王之间的这种关系，由 2008 年不丹宪法固定下来。不丹宪法为国王在接受内阁建议的问题上留下了回旋余地，即国王可以要求内阁重新考虑这些建议。宪法还规定，作为内阁的领导者，首相必须随时向国王通报包括国际事务在内的各种国家事务，并且必须按照国王的要求提交信息和档案。

不同历史时期，内阁的组成结构也存在着时代差异。早期的部长委员会由选举出来的部长和皇家咨询委员会成员组成。成为内阁部长者，必须是本土出生的不丹公民，不能与外国公民结婚，且必须已经担任过皇家政府秘书及以上级别的高级政府职务。1999 年的《内阁法案》规定主席一职由内阁成员轮流担任。2008年不丹政治改革后，对内阁的结构重新作出规定。不丹宪法第20条第2款规定：不丹国家行政权属于首相领导下的、由部长组成的内阁。部长的人数视国家善政管理所需的部长职位数量决定。增设或裁减任何部门须经议会批准，各部不得仅为任命部长而设立。

1968年部长委员会经国民议会批准成立后其成员结构一直变动。1991年，部长委员会由7名部长和每个部的代表组成（农业部，通信，财政，外交事务，内政，社会服务，贸易、工业和旅游部），其中两名部长——财政部部长（AshiSonam ChhodenWangchuck）和内政部部长（Dasho Namgyal Wang-chuck）——都是皇室成员。1999年8月《内阁法案》颁布后，内阁秘书处随即正式成立。① 自1999年不丹内阁部长委员会改革至2019年，② 已经经历了15任领导人③。

（四）地方政府

1616年后，纳旺纳姆加尔在不丹建立沙布东政体后，将不丹划分成为东不丹、中不丹和西不丹3个地区共7个宗。1907年，乌颜·旺楚克王朝在行政区划上进行改革，重新划定了11个宗。1954年，吉格梅·多吉·旺楚克国王时期，在东不丹、西不丹、中不丹三省的基础上，增设了南不丹省。1960年全国划分为13个宗，1969年不丹的宗增加到15个。

1988年不丹的地方政府改革中，将地方政府划分为"专

---

① 参见不丹首相与内阁办公室官方网站，https：//www. cabinet. gov. bt/about-us/.

② 2008年以后，内阁的领导人称为"首相"或"总理"。

③ 看守政府时期或政府选举过渡时期被称为"首席顾问"，2008年民主选举以来，共有三人次担任"首席顾问"，参见不丹内阁官方网站，https：//www. cabinet. gov. bt/wp-content/uploads/2013/12/Screen-Shot－2019－01－10－at－10. 36. 03－AM. png.

区"（Dzongdey）、"宗"（Dzongkhag）①、"东"（Dungkhag）、
"村"四级地方政权机构。1991年，不丹地方行政区建制在4
个专区的基础上，设置了18个宗。在1988年、1989年开始建
立专区行政体系之前，中央政府直接与宗（区）政府构成行政
隶属关系。

吉格梅·辛格·旺楚克国王为了"拉近行政与人民的距离"，
"加快项目建设"，避免地方政府频繁地向中央请示，于20世纪
80年代末期在全国设立了4个专区，并为每个专区配置了相应的
行政和技术人员。中央各部门和区政府之间的联络人负责协调中
央政策、计划在专区的实施。每个专区总部设有9个司：行政司、
会计司、农业司、畜牧业司、教育司、工程司、卫生司、灌溉司
和规划司。各司的职员均为前内政部公务员或各区各部门的技术
人员。1988年、1989年设立的4个专区分别是：第一专区，包括
西部的4个宗（区），总部设在楚卡（Chhukha）；第二专区，包
括中部地区的4个宗（区），总部设在芝廊（Chirang）；第三专
区，包括中部地区的4个宗（区），总部位于盖勒芬格（Geyleg-
phug）；第四专区，包括东部5个宗（区），总部位于永富拉
（Yonphula）。廷布宗（区）和廷布市在第一专区的边界之内，但
它们在分区系统之外。②

2008年不丹政治改革，将地方管理体系设置为三级，相应
地，地方政府也分为三个层级：宗（区）委员会（Dzongkhag
Tshogdu）、县（窝）委员会（Gewog Tshogde）和市政委员会
（Thromde Tshogde）。目前，不丹全国共划分成20个宗（区）、

---

① 不丹的宗也称为"区"。

② http://countrystudies.us/bhutan/46.htm.

205个县（窝）、4个宗（区）市镇（Dzongkhag Thromde）和10个宗（区）卫星城镇（Dzongkhag Yenlag Thromde）。① 除宗（区）和县（窝）之外，还有15个分区即"东"（Dungkhag）。宗（区）的宗长由国王任命，宗（区）委员会由下辖每个县（窝）选派的两名代表即县长（堪布，Gup）和副县长（芒弥，Mangmi）组成。另外，辖有直辖市和卫星城镇的宗（区）委员会还应当由每个直辖市、卫星城镇选举出的1名代表参加。

每个宗（区）划分为数量不等的县，目前不丹全国共有205个县。县再划分为乞窝（Chiwogs）。每个县都有县长、副县长领导的县委员会。县长和副县长由该辖区民众直接选举产生，县委员会的其他代表由乞窝的民众选举产生。每届县委员会由7—10名成员组成，每年至少召开3次会议。

不丹4个宗（区）市镇和10个宗（区）卫星城镇都设有市长（Thrompon）领导下的市政委员会。市政委员会的成员由本选区民众选举产生，数量与县委员会类似，通常由7—10人组成。

二　立法机构：议会

（一）不丹议会的历史发展

不丹的议会发展经历了20世纪50年代开始的"一院制"和21世纪的"两院制"。"一院制"议会开始于20世纪50年代初期的国民议会。被称为"现代不丹之父"的第三世国王吉

---

① 参见不丹地方政府官网，https：//www. gov. bt/local-government-directory/.

格梅·多吉·旺楚克在 1952 年登基之后便启动了不丹的走向"现代"的各种改革。在国王的努力下，1953 年不丹国民议会成立，它是当时不丹的最高立法和决策机构。不丹的国民议会最初是一院制议会，直到议会民主制度的引入，才有了两院制议会（国家委员会和国民议会）。国民议会曾是不丹的最高决策机构。1954 年《国家委员会章程》的相关规定为国王修改议会所有决定的权力保留了空间。但是，1968 年后，国家委员会所作出的决定将是最终的、有约束的，即使国王也不能修改这些决定。如果国王对大会各项决定的可靠性有疑问，可向大会提议，建议重新审议这些决定。

1953 年，不丹国民议会建立之始，就有权颁布民法、刑法和财产法等法律规范；拥有任命和罢免部长的权力，并就相关政策事宜进行辩论，为政府决策提供意见；有权批准政府开支和审计长人选。国民议会从成立以后的第 11 届会议起，每届成员数量从 145 人到 155 人不等，大致都保持在 150 人。① 国民议会的议员是由县（Gewog）选举出来的代表（chimis）组成，每 3—5 个县选出一名代表。根据国家委员会章程第 7 条，立法机关每五年重新确定其规模。一院制下的国民议会成员共分为三类：每三年通过间接投票选出的人民代表，占国家委员会成员的半数至三分之二；宗教界代表，任期三年，约占成员总数的三分之一；国王提名的政府官员。

在吉格梅·多吉·旺楚克的倡议下，1968 年 11 月召开的国民议会第 29 届会议期间，国民议会被授予完全的立法权。在

---

① 前 10 届会议缺乏相关的文献记载。参见：Gyambo Sithey, Tandi Dorji, "DrukyulDecides: In the minds of Bhutan's first voters", *Tashi Loday& Bhutan Times*, Sep. 2009, p. 6.

此之前，国王可以否决国民议会通过的任何决定或立法法案。1969 年 5 月，第 30 届国民议会会议期间，第三世国王再次发起了一项国民议会重大改革举措，即在国民议会中引入了一项"不信任投票"机制，该机制对包括国王本人在内的所有高级官员有效，如果任何官员受到不信任投票，他们将被迫辞去职务。对国王的不信任投票意味着国王放弃了他的否决权，为国民议会设置了最高的立法权。尽管国民议会连续在三届会议上都直接否决了对君主的不信任投票，但是为了加强国民议会作为最高权力机构的地位，国王的坚持最终还是得到了国民议会成员的赞同。

1979 年，国民议会产生了第一位女性成员。在 1998 年国民议会第 76 届会议期间，尽管大会成员一再劝阻，吉格梅·辛格·旺楚克还是颁布了一项历史性的法令，将全部行政权移交给经选举产生的部长委员会。国王于 2001 年 9 月 4 日下令起草不丹的成文宪法。成立了一个由 39 名成员组成的宪法起草委员会。2001 年 11 月 30 日，宪法起草委员会第一次会议召开。2005 年 3 月 26 日，宪法草案向所有宗公布。2005 年 10 月 29 日，由国王主持的与人民的第一次磋商会议在廷布召开。2006 年 5 月 27 日，由彭洛普亲王主持的不丹宪法草案磋商会议结束。2007 年，一院制的国民议会正式解散，不丹在经历了 100 年的君主统治后，于 2007 年历史性地向两院制的议会民主过渡。

2008 年不丹宪法改革后，议会实行两院制。上院是"国家委员会"，由 25 名成员组成：20 名代表来自全国 20 个宗，另外 5 名由国王直接任命。下院是直接从各区选举产生的"国民议会"①，最多可以由 55 名议员组成。在 2008 年 1 月 30 日第一次议会选举中，选举出了 20 名国家委员会成员。2008 年 3 月 24 日选出 47 名国民议会成员。

2013 年第二届议会选举中选出了 47 名议员，其中 3 名是女性；2018 年 10 月 18 日不丹国民议会举行了不丹民主改革以来的第三次国民议会选举，不丹统一党在此次议会选举中，击败前议会的反对党繁荣进步党，获得 30 个席位，而繁荣进步党只获得了 17 个席位。

两院议员的任期为 5 年。选举根据"简单多数制"（first past the post system）开展，分两轮进行。在初选中，任何政党都不得推举候选人，所有政党都要进行投票。在第一轮投票中获得最多票数的两个政党将在大选中争夺议会席位：宪法禁止组建联合政府。获胜的政党成立由总理领导的内阁；败选的政党在国民议会中占有反对派席位。

（二）不丹议会的结构、职能与权力

1. 不丹议会的结构

2008 年不丹宪法改革后的议会分为上院的"国家委员会"和下院的"国民议会"。

上院（国家委员会）共由 25 名成员组成，其中 5 名成员由国王提名产生，国家委员会每年至少召开两次会议。主持国家委员会议事程序的国家委员会主席从国家委员会成员中选举产生。

现任下院（国民议会）共有 47 名成员，由人民从选区中直

---

① 2008 年后，议会下院的"国民议会"，不同于成立于 1953 年不丹国民议会。

接选出的两个政党成员组成。不丹宪法第12条规定，国民议会最多55名成员，各宗根据人口比例确定议员数量，但每个宗议员名额不得少于两名或者超过7名。宗的人口与议员数量比例每10年进行一次测算。不丹划界委员会于2007年3月16日第一次测算并最后确定了国民议会的席位数为47席。

国民议会的议长，从其成员中选出，议长也是议会联合会议的主持者。不丹国民议会会议每年夏、冬举行两次，夏季会议通常在每年的5—6月举行，冬季会议在11—12月举行，大会会期通常持续4—6周。

国民议会常设10个委员会：（1）立法委员会；（2）政府账目委员会；（3）外交关系委员会；（4）社会及文化委员会；（5）人权委员会；（6）善政委员会；（7）环境与城市发展委员会；（8）妇女、儿童和青年委员会；（9）经济发展与私营部门委员会；（10）住房委员会。

另外，国民议会还设立了秘书处。国民议会秘书处的职能和工作最初由皇家秘书处执行，1973年设立了独立的国民议会秘书处，目前国民议会秘书处有4个司。国民议会秘书处主要负责以下工作：协调国家委员会各届会议；向大会各常设委员会及其成员提供协调和秘书服务；协助起草法案、法律和规章制度；编制议程和决议；印刷、出版和分发各届会议的法律、会议文件；保存相关立法档案，提供、安排传译及笔译服务；执行财政和行政职能；与其他国家的议会和国民议会联系；提供其他需要的设备及服务。

不丹法律对议会成员的资格作出了规定：持有不丹公民身份证明的；须为该选区的登记选民；被提名时的最低年龄要

求为 25 岁，而最高年龄不得超过 65 岁；应持有正式的大学本科学位。国家委员会排除政党的参与，所以要求所有候选人必须是无党派人士。不丹法律保障议员的各项权利，包括议会所有成员在议会中一律平等，在会议期间享有言论自由和免于逮捕的权利，任期 5 年，并领取规定的薪金和津贴。

2. 不丹议会的职能与权力

在君主制下，不丹议会成立的主要目标是设立审议决策的论坛，讨论涉及国家利益的问题，以及鼓励人民参与政治，培养民众的政治意识。当时国民议会的主要功能是颁布、修改或废除法律，批准国家预算和税收，批准五年计划，审议影响国家安全和国民幸福的相关问题，增进人民的福利和幸福。

不丹的国民议会在 20 世纪 50 年代创立初期，是一院制议会，21 世纪议会民主制度引入政治系统后，不丹才有了两院制议会（国家委员会和国民议会）。一院制时期的国民议会曾是该国的最高决策机构。1998 年，第四世国王授权国民议会选举内阁，并且由内阁负责处理国家治理事务，从而将国民议会的行政权让渡给了内阁，使其成为国家的行政机关。

2008 年不丹政治变革后的两院制议会承担着立法功能，但它所享有的立法权并不完全。2008 年不丹宪法第 10 条第 1 款授予议会所有立法权力，享有立法权的议会由国王、国家委员会和国民议会组成。国王可以根据宪法规定的权力向议会发送意见，议会必须在收到国王的意见后及时对其进行审议；在紧急情况下，国王可以要求议会召开特别会议。

不丹议会的主要职能是维护国家利益。它通过对政策、问题、法案和其他立法的公开审查以及对国家职能的审查来实现人民的愿望。宪法规定国家委员会的主要功能是审查需要提请国王、首相和国民议会，可能会影响国家安全、主权和人民的利益的重大问题。通常财政法案只能由国民议会提出，而其他立法法案可由两院任何一院提出。议会通过的任何一项法案，之后要得到国王的同意后方可生效。

三 司法系统

不丹宪法规定，不丹司法机构根据国家法治建设需要而产生。它公正、独立地维护和执行司法工作。不丹宪法明确指出，司法机构在司法实践中不得有畏惧、偏袒或无故拖延的情况，以激发社会信任和国民对法治的信心，并促进司法公正。

（一）司法系统改革

1976 年不丹设立了全国年度司法会议，并任命了法官，废除了代理法官。在 1976 年设立分区法院后，高等法院把财政和行政权力下放给下级法院。同年，不丹教育系统改革中，在大学里增设了相应的法律课程。1990 年不丹设立独立的司法干部。

1995 年，根据吉格梅·辛格·旺楚克国王的指示，高等法院开始起草不丹刑法，该法案于 2004 年颁布。不丹《刑法》是对现有刑法中有关刑事犯罪的规定进行合并，并根据时代变化的新情况和需求增加新的罪行，其目的是恢复受害者的尊严，增加罪犯改过自新的可能性。1997 年 3 月 26 日，吉格梅·辛格·旺楚克国王下令成立青少年发展及改造中心。设在迪马拉卡（Tshimalakha）的改造中心为违法、犯罪的青少年提供饮食、服装和住宿等方面援助。青少年发展及改造中心成立的目的是帮助青少年重返社会。此外，2004 年 3 月 20 日，国王颁布皇家法令宣布废除死刑。

为了方便诉讼，让司法更接近于人民，防止法院不必要的拖延，确保法院有效地提供司法保护，并使法院易于诉讼，不丹进行了许多改革。在吉格梅·辛格·旺楚克国王的要求下，2001 年对颁布的《民事和刑事诉讼法》进行了修订，如多方面听证程序进一步修改完善；简化案件登记程序和听证程序，使之系统化；改善法律语言和不丹术语；引进 76 种司法形式，加强了法院审判的专业性，减少时间消耗；引入简易判决和缺席判决；降低诉讼费用等。

2003 年根据皇家法令成立国家司法委员会（the National Judicial Commission），这是自 1967 年设立高等法院以来又一件有里程碑意义的改革。

（二）司法独立

不丹的政治改革中，设立司法机关并维护司法的独立性是不丹改革决策者的自发行为。不丹第四世国王认为：民众对司法的信任并不需要他们相信所有的司法决定都是明智的，或所有的司法行为都是无可挑剔的。如果司法制度建立在独立、公正、正直和专业的价值观上，忠实地追求这些价值观，人们就会满意。不丹的司法机构必须迎接挑战，满足人民在司法行政方面的期望，使法治能够继续蓬勃发展。不丹的领导人要求"司法接近人民"，明确划分了行政和司法之间的责任，并于 1978 年设立了第一个分区法院。这是司法独立和从最高法院到最低法院的权力分立的具体表现。

从不丹的司法体制以及属性来看，不丹君主立宪制背景下的司法独立性表现在以下几个方面：

1. 宪法保障了机构的独立性。不丹宪法规定不丹的司法机构独立于行政和议会等其他部门。

2. 法官任命方面，做到人事独立，促使法官保持独立判断的观念，能做出独立决定。不丹法院的法官有任期保障，法官不会因为政府不喜欢某项决定而被免职。每个法官都必须自己决定如何处理特定的案件。政府则是要公正地选择法官，并保证提供适当的便利和报酬。

3.《宪法》第 21 条第 2 款规定了法院的司法权垄断，不丹的司法权应授予皇家法院，因此"司法机关应对具有司法性质的所有问题具有管辖权"。

4. 根据《宪法》，国家应为司法机构作出充分的财政规定。

5. 随着 2007 年《司法服务法》（the Judicial Service Act）的颁布，司法机构的独立性得到加强与维护。《司法服务法》第 230 条规定，只有在委员会或理事会向议会提交动议时，才可通过增加、变更或废除的方式对《司法服务法》进行修订，但须符合修正案不得损害司法机关效力的要求。

（三）司法体系

不丹的各级法院是国家的司法机关。不丹的法院包括最高法院、高等法院、宗法院（Dzongkhag Courts，也称区法院）、分区法院（Sub-Dungkhag Court）。国王可以根据国家司法委员会的建议随时设立任何其他法院。

2009 年 11 月 30 日，不丹第四世国王吉格梅·辛格·旺楚克在一次私人谈话中曾提出，最高法院是宪法的监护者，必须确保宪法的可信性和相关性。作为宪法的监护者，最高法院必须真正理解宪法作为指导原则的意义和目的，以无可争议的清晰性解释宪法的内容，并将其作为一份有生命力的文件加以维护。不丹的最高法院是最高司法机构，但国王拥有最高司法权力，包括由首席法官主持、受理的最高上诉案件。最高法院行使上诉、咨询和域外管辖权。任何现行法律对特定案件不适用或者部分适用而不排除审理的，由最高法院管辖。不丹最高法院根据国际法原则在不丹境外行使相应的管辖权。最高法院是记录法院，是宪法的监护者，是宪法解释的最终权威。

高等法院于 1968 年设立，包括首席法官在内共有 8 名法官，其中两名由国民议会选出，任期 5 年；其余由国王指派，任期由国王决定。[①] 高等法院行使管辖权以及上诉权。与最高法院一样，高等法院也拥有固有的权力，并根据国际法原则行使域外管辖权。高等法院由首席法官主持。

各宗设有地方法院，由国王任命的宗长和地方法官负责处理地方诉讼案件。目前，不丹在地理上分为 20 个宗。每个宗都有一个法庭。不丹历史上第一个宗法院成立于 1960 年。通常，宗法院只有一名法官，但也有一些宗法院设有多个法官席。宗法院对其属地管辖范围内的所有案件行使管辖权。对分区法院的判决不服的可以向宗法院提出上诉。每个宗法官都有一个或多个注册法官协助审理案件。

分区法院成立于 1978 年。不丹目前有 15 个分区法院，它

---

① 参见中国商务部网站之不丹《法律体系简介》，http://policy.mofcom.gov.cn/page/nation/Bhutan.html.

们对其属地管辖范围内的所有案件行使原始管辖权。① 分区法院由一名分区法官主持。

第四节　政党政治的变革

一　不丹政党

当代英国著名政治学家艾伦·韦尔曾说过，当代世界各个国家除了少数传统的小型社会和独裁者控制或军人控制的政体中不存在政党外，"很难想象，当代国家的政治并非政党政治"，可见"政党对一个现代国家的管理极为重要"。②

在不丹引入民主制度之前，不丹人民对政党政治的概念非常陌生。政客们在议会和政府中也没有一席之地。不丹现有的合法政党都产生于21世纪初期的政治变革过程中，即不丹的主要政党都是在2008年民主选举时登上政治舞台的，才为外界所熟悉。

实际上，早在20世纪90年代不丹民族冲突发生时，一些政党就已经对不丹政治生活产生了巨大影响。这些政党有不丹人民党、不丹国家民主党、不丹国家大会党，但这些政党并没有合法地位。2007年4月22日，不丹颁布了一项允许在不丹建立政党的法令后，新的政党——人民民主党和不丹繁荣进步

---

① 参见不丹"Royal Court of Justice"，http：//www.judiciary.gov.bt/index.php/Welcome/get_pages？id=22％20&cat=5.

② ［英］艾伦·韦尔：《政党与政党制度》，谢峰译，北京大学出版社2011年版，第7页。

党诞生了。此前那些反对不丹君主制的政党，在 2008 年不丹第一次大选时期，还是没有获得合法政党身份，而被排除在政治生活之外。它们以"不丹"政党为名，实际只能在尼泊尔的难民营中活动。所以，这些"体制外"政党，没有一个能在国内政治选举中产生任何重大影响。这些"体制外"政党一直不被不丹王国政府所接受。如不丹人民党一直以维护不丹境内的尼泊尔族人利益为自己的奋斗目标，它公开向政府喊出"民主和人权"的口号，试图为尼泊尔族争取更多的政治权利。[①]

　　不丹选举委员会成立后，第一件重要的事情是促成政党产生。为了保证不丹新的民主政治生活有序化，维护国家的和平和稳定，2008 年 7 月 28 日通过的不丹《选举法》对政党的属性作出了规定：不丹政党要"对不丹王国的宪法具有真正的信仰和忠诚；维护王国的主权，国家安全、统一和完整；体现该党广泛的民众基础，拥有来自全国党员和人民广泛的支持，致力于民族的团结和稳定；致力于促进不丹的民主及社会、文化、政治和经济发展；不得对其成员进行地域、性别、语言、宗教或其他身份方面的限制；不得接受任何来自外国政府的、非政府的、私人组织的，或是来自私人政党或个人的资金或援助"。[②] 在此基础上而产生的不丹政党同质性强，意识形态差异性微乎其微。

　　2008 年大选前，不丹有 4 个党处于筹备状态，它们分别是不丹民族党（Bhutan National Party，BNP）、不丹人民团结党

---

　　① "Plight of the Lhotshampas"，http：//humanrightshouse. org/Articles/8133. html，另参见杜敏、李泉《不丹尼泊尔族民族问题的根源论析》，《世界民族》2018 年第 5 期。

　　② 参见不丹 2008 年《选举法》第 8 章第 136 条。

（Bhutan People United Party，BPUP）、不丹繁荣进步党（Druk Phuensum Tshogpa，DPT）和人民民主党（the People's Democratic Party，PDP）。然而，最终只有不丹繁荣进步党和人民民主党在 2008 年大选中获得政党资质，有机会参加不丹首次议会选举。

（一）人民民主党

1. 人民民主党的创立

人民民主党是不丹国王在 2006 年引入议会民主后成立的第一个政党。人民民主党的主要发起者大多来自第 86 届国民议会（2006 年 12 月—2007 年 1 月）的代表。当时该党聚集了 76 名国民议会代表，他们虽然没有共同的政治意识形态或特殊利益，但是成立政党、参加议会选举被他们视为自己应当完成的历史任务。毕业于哈佛大学的策林·托布杰（Tshering Tobgay）曾是一个职业培训机构的主管，人民民主党组建时他辞去职务投入到政党的创立活动中来，并很快成为该党的核心成员。2007 年 7 月，不丹农业部部长洛波·桑杰·盖杜普（Lyonpo Sangay Ngedup）① 和洛波·吉格梅·辛格（Lyonpo Jigme Singye）正式辞职并加入人民民主党，洛波·桑杰·盖杜普任主席，洛波·吉格梅·辛格任副主席。2007 年中期，人民民主党已经成为一个强大的政党，许多打算在不丹政坛上大展拳脚的候选人都欲加入人民民主党。许多党员也在尝试说服身边有能力的人来加入，成为该党的竞选候选人。当某个选区的候选人较多时，该党便通过党内选举的方式，按照选区范围展开选举候选人的投票活动。人民民主党在基洛普选区（Gelephu）发生了班达利

---

① 桑杰·盖杜普在选举的一年后，即 2009 年辞去了人民民主党主席一职。

（Achyut Bhandari）和多吉（Garab Dorji）竞选候选人的情况；通萨（Trongsa）的德拉贡—朗特（Drakteng-Langthel）也发生了纳穆杰·多吉（Namgay Dorji）和佩穆·策林（Pem Tshering）的候选人之争。

2007年6月，来自扎西羊孜文化艺术学校（the Zorig Chu-sum Institute）的校长拉姆·格桑（Lam Kesang）被任命为人民民主党的总书记。同时，人民民主党将总部设立在卡瓦姜萨（Kawa Jangsa），之后搬迁至毛提坦（Motithang）。

人民民主党在建立之初，通过地区、宗和县协调员来构建党的指挥系统。4个区分别设置了一个地区的协调员，同时每个宗和县也有一名宗协调员和县协调员。宗协调员还配备一名助理，负责协助其开展工作。宗协调员由人民民主党所在的宗的党员选举出来，负责所在宗发展党员、组织党员活动和财务管理等党务工作。除此之外，宗协调员还负责招募党员，在各区策划活动，在选举期间还要为该党及其候选人筹划、组织和协调竞选活动。县协调员由所在县产生，职能与宗协调员类似。人民民主党在县级的党组织机构中还有一些委员会（Tshogpa）和党的工作人员。

2007年8月5日人民民主党申请政党注册，并于2007年9月1日获得选举委员会正式认证，成为不丹君主立宪制改革后第一个合法登记注册的政党。2007年底人民民主党的竞选团队基本组建完成。到2007年12月，已经确定了45名候选人。扎西羊孜（Trashiyangtse）地区的贾姆哈尔（Bomdeling Jamkhar）选区和佩马加策尔（Pemagatshel）地区的哈雨隆（Khar-Yurung）选区在选举开始前夕，提名了两名教师图克滕（Thukten）和策林（Tshering Choden）为两个选区的候选人，填补了选区候选人空缺状态。在2008年的第一次选举中，该党赢得了33%的选票成为反对党，并在47个席位的国民议会中拥有两名议员。

在2008年大选后，桑杰·盖杜普主席于2009年3月22日引咎辞职。随后，策林·托布杰被任命为新主席。索纳姆（So-nam Jatso）担任总书记，里图（Ritu Raj Chhetri）、耶什（Yeshi Dorji）和达姆乔（DamchoDorji）担任副主席。2012年5月19日，在廷布人民民主党召开的大会上，策林·托布杰以134张票中的131张赞成票连任党的主席。大会还选举了雅格什（Yogesh Tamang）担任临时秘书长，索纳姆·旺亚尔（Sonam Wangyal）任青年协调员。在这次大会上，人民民主党还对该党的象征符号进行了修订。

2. 人民民主党的组织结构与功能

不丹人民民主党每年召开一次党员大会，其主要作用是通过选举确定党内各个职位人选，制定党的大政方针，并根据需要修改党章。人民民主党党章第14条规定，参加每年一度大会的人员有：党的主席和副主席；党在国民议会的成员；党在各选区代表；委员会选举产生的代表和书记、司库以及其他有权参加大会的成员。

人民民主党的全党大会是该党的最高权力机构，它的职能有：选举党的主席、副主席、书记和司库；制定党的大政方针；制定或者修改的章程；在任期间如有主席去世、辞职或退休，大会应选举出新主席；选举执行委员会主席和副主席；选举4名选区代表加入执行委员会；选举5名国民大会成员加入执行委员会；确定党的工作重点，发展党的政治战略；批准党的年度预算；审议执行委员会关于自上一届大会以来党的工作情况的报告；审查执行委员会的财务报告和经审计的账目；审议执行委员会关于自上一届党代会以来党的工作情况的报告；审议适时提交供其审议的政策动议；决定为实现党的目标而采取的其他措施。

人民民主党的最高权力机构"全党大会"还设有执行委员会，它是人民民主党全党大会的执行机关，负责计划、方案和政策的执行，是该党的最高决策权力机构，由主席、书记、来自20个宗的20名代表、该党研究机构负责人、工商业发展机构负责人、妇女协调员、青年协调员组成。① 执行委员会应在必要时召开会议，每年至少召开两次。

执行委员会还应在全党大会之前举行一次会议，拟订会议议程，并在全党大会之后举行一次会议，讨论各项决议的执行情况。执行委员会到会人数达到全体成员数量的2/3便可召开会议。执行委员会认为有必要时，可以因具体工作而设立委员会，并应规定其权力下放给各委员会的范围。这些委员会的委员可以从党的全体党员中增选。执行委员会根据全党大会的规定和政策，根据党的宗旨，对党的书记处的工作，有全面的指导和监督的权利。执行委员会闭会期间，主席应行使执行委员会的这些权利，但他（她）对各类事项的决定须提交执行委员会下届会议认可。

人民民主党在各宗设有联络机构即宗办事处。宗办事处承担协调各宗选民的职能和责任。宗办事处由宗协调员领导，宗

① 人民民主党设置有4名地区协调人，20名宗（地区）协调人，205名县协调人，平均每个乞窝（村，Chiwog）有1名协调人。

协调员由宗的选区委员会成员从该宗的登记党员中通过无记名投票选举产生。此外，宗协调员还承担以下工作和职责：负责各选区的组织和财政；与选区委员会协商，确定人民民主党的优先事项并提出选区的年度预算；根据上级部门要求在竞选期间协调选区内的竞选活动；代表人民民主党登记新党员，收取登记费和党费，接受自愿捐款；加强对党的规划、政策、纲领、方针的认识和理解；向执行委员会提出选区内可能的候选人，参加国民议会选举；向执行委员会提交关于宗协调办公室和各选区委员会工作的年度报告。宗协调员向执行委员会负责，并遵守执行委员会的所有决定。

人民民主党的宗协调员任期为三年，可以连任。各选区委员会成员三分之二多数通过决议可罢免该宗协调员的职务；对其罢免决议案的动议必须由至少三分之一的选区委员会成员签署。

宗办事处和各选区委员会可以开立资金管理银行账户，两者皆需要向执行委员会提交年度财务报表。

此外，人民民主党在全国各地设置了基层委员会，其中布姆唐、帕罗等地的基层委员会有 997 个，全国的县、村委员会有 453 个。[1]

3. 人民民主党的执政理念

人民民主党以一匹在晴朗的天空（象征着国家的和平与繁荣）中奔腾的白马（象征着党的活力、进步和纯洁）为党的象征符号。人民民主党的愿景是建立一个政治团结、文化和谐、社会公正、经济繁荣、环境资源富庶、主权安全，让所有不丹

---

[1]　Gyambo Sithey, Tandi Dorji, " Drukyul Decides：In the minds of Bhutan's first voters", *Tashi Loday& Bhutan Times*, Sep. 2009, p. 46.

人都能追求和享受幸福、和平的不丹王国。

人民民主党以不丹独特的国民幸福总值哲学思想为基石，认为党的历史使命应当是：维护不丹王国的独立、主权、安全和领土完整；通过坚持平等、容忍和正义的原则，向不丹人民灌输民族认同感，加强国家的统一；在社会各阶层的参与和支持下，实践、推进民主治理；通过民主治理、公正和法治维护不丹人民的权利和自由，并通过自由和充满活力的媒体与公民社会来鼓励健康的公众辩论；促进经济增长和国家自力更生，同时确保公平、平衡的区域发展以及自然资源的可持续利用；任何公民，不论其民族、宗教、所在地区、性别、社会出身或语言，均应享受平等机会和有酬就业，使他们能充分发挥潜力，并认识到取得成功的唯一途径是个人奋斗；提高职场的敬业精神，以及促进政府和公共部门高效、及时地提供公共服务；实现全体人民在民族、宗教、地区、性别、社会出身、语言方面的社会公正与平等，实现人人享有粮食、住房、医疗、教育等基本生活保障；保护与保持不丹丰富、原始的自然环境，实现后代享有健康环境和当代人享有所有自然资源之间的平衡；保护和发展不丹独特的文化、宗教和精神遗产，这些是不丹维持民族特性、资源和人民幸福生活的重要基础条件；在和平、合作和国家主权平等的基础上促进与国际社会的友好关系；在区域和全球事务中发挥负责任的建设性作用；特别是进一步加强与印度的独特、热情和友好关系和经济合作。

（二）不丹繁荣进步党

1. 不丹繁荣进步党的创立

2007 年 7 月，不丹统一人民党（the Bhutan United Peoples

Party，BPUP）和全民党（the All Peoples Party，APP）在前总理利昂波·吉格梅·廷里（Lyonpo Jigme Y. Thinley）领导的不丹繁荣进步党的旗帜下完成了合并。[①]

不丹统一人民党的创立者是来自皇家咨询委员会的前国民议会议员西盖·多吉（Dasho Sigay Dorji）。2006年12月22日至2007年1月8日，第86届国民议会在不丹首都廷布召开，当所有地区的代表都汇集首都时，西盖·多吉与3名议员以及另外3名核心代表组成不丹统一人民党筹备小组。他们分别是辛楚利（Dasho D. B. Sincheuri）议员、姜楚布·多吉（Dasho Jangchub Dorji）议员、赞考（Dasho Zeko）议员、萨姆奇（Samtse）的代表桑盖·坎杜（Sangay Khandu）、布姆唐的代表多吉·旺楚克（Dorji Wangchuk）和蒙加尔（Mongar）的代表佩穆·多吉（Pem Dorji）。[②]在西盖·多吉等筹备小组成员的宣传动员下越来越多的政治精英选择加入统一人民党。选出统一人民党的领导人是件非常慎重的事情。在不丹历史上的第一次大选中产生的政党领导人非常有可能成为政府首相。因此，对任何政党而言，选择影响力大、威望高的政治家来担任政党领导人最为合适。统一人民党的领导人的选择并不顺利。被认为最合适的人选，不丹首席大法官利昂波·索南·托布盖伊（Lyonpo Sonam Tobgay），拒绝了其他党员骨干对自己的举荐。在选择谁作为党的领导人问题上的严重分歧导致该党最终分裂为西盖·多吉团体和昌·乌颜团体。这两个团体最终分裂为两

---

① "BHUTAN Tshogdu（National Assembly）", http：//archive. ipu. org/parline-e/reports/arc/2035_08. htm.

② Gyambo Sithey, Tandi Dorji, "Drukyul Decides：In the minds of Bhutan's first voters", *Tashi Loday& Bhutan Times*, Sep. 2009, p. 26.

个政党，即西盖·多吉领导的不丹统一人民党和昌·乌颜领导
的全民党。

分裂出去的全民党 2007 年 6 月 2 日正式对外宣布成为一个
独立的政党。但该党成立时间短，缺乏坚实的群众基础，昌·
乌颜也意识到全民党想要发展，吸纳在政治上有影响力的部长
们参加并领导该党非常必要。2007 年 6 月 24 日，全民党向不
丹资深政治家廷里（Lyonpo Jigmi Y. Thinley）发出邀请，请其
来领导全民党。廷里没有拒绝全民党的请求，并承诺将与其他
部长同事就此事进行讨论。与此同时，西盖·多吉领导的不丹
统一人民党也同样向廷里发出邀请。廷里对两党提出出任领导
人的条件，即要求不丹统一人民党和全民党重新合并。为了能
与人民民主党在即将到来的大选中一决上下，两党举行了一系
列的会议进行商讨，并最终达成一致：为了能战胜人民民主党，
两党有必要联合起来，组成一个政党。

2007 年 7 月 11 日，不丹统一人民党和全民党合并，并以
"不丹繁荣进步党"为名，新成立的不丹繁荣进步党以建设一
个统一、繁荣和幸福的国家作为奋斗目标。① 2007 年 7 月 21
日，又有 4 名部长宣布加入不丹繁荣进步党，从而更加充实了
该党的实力和竞争力。2007 年 8 月 6 日，由多吉（Dasho Penjor
Dorji）领导的不丹民族党（the Bhutan National Party，BNP）②
也加盟了不丹繁荣进步党。

实力日渐增强的不丹繁荣进步党于 2007 年 8 月 15 日，在

---

① 参见不丹繁荣进步党对该党意识形态的表述。

② 不丹民族党于 2007 年成立，主要由不丹已经退休的公务员组成。然而，选举委员
会认为不丹民族党不符合注册政党的条件。选举委员会解释是不丹民族党没有跨民族成员
及其支持，也没有明确的意识形态宣言。

廷布凯尔基（Kelki）高中召开了大会。大会主要议程是提名、选举党的领导人。经过与会人员投票，选举出了不丹繁荣进步党的主席为廷里，益西·金巴（Lyonpo Yeshey Zimba）被指定为该党协调员，坎杜·旺楚克（Lyonpo Khandu Wangchuk）为该党发言人，旺迪·诺布（Lyonpo Wangdi Norbu）为司库，乌甘·策林（Lyonpo Ugyen Tshering）为起草协调员，廷利·旺楚克（Thinley Wangchuk）担任该党的书记。

不丹繁荣进步党于 2007 年 8 月 15 日向选举委员会申请登记，并于 2007 年 10 月 2 日正式登记注册。不丹繁荣进步党按照不丹王国国民幸福总值哲学思想的指引，致力于建立一个经济可持续、文化和谐、社会公平、环境良好、政治公正的文明社会。

2. 不丹繁荣进步党的组织架构与功能

不丹繁荣进步党党章规定，该党向所有不属于其他任何政党的公务人员、武装部队成员、地方政府官员或国家议会成员开放；党员资格由宗党支部授予，书记对授予党员资格的新党员发放党员证；被授予资格的新党员会接到书面通知，并要求于接到通知的 15 日内（含 15 日）向司库缴纳第一笔党费；如果未按照要求缴纳党费将被注销党员资格；党员也可主动向该党党组织提出书面的退党要求。

（1）全体党员大会

不丹繁荣进步党的全体党员大会是该党的最高权力机构，是控制和指挥全党的最高决策机构。大会每年至少召开一次，也可以由执行委员会决定召开。大会可讨论党章范围内的任何问题，以及任何党的机关的权力和职能事项。大会向全国所有党员开放。大会每届会议召开需要有中央执行委员会 2/3 的成员、宗协调员和各选区的协调员出席。

（2）中央执行委员会

不丹繁荣进步党设立中央执行委员会，它由参加内阁的党员、选举为国民议会议员的党员、从宗办公室选举出的党员（最多两人）、大会选举出的党员组成。2007 年 8 月 4 日，不丹繁荣进步党成立了临时中央执行委员会。随后，第一次中央执行委员会会议于 2007 年 8 月 8 日举行。中央执行委员会是该党全体党员大会决策执行过程中的最高决策机构，不丹繁荣进步党的日常职能由秘书处执行。基于国民幸福总值的竞选宣言于 2008 年 2 月 13 日发布。2008 年 2 月 22 日，不丹繁荣进步党在廷里的带领下开始了政治活动历程。

不丹繁荣进步党中央执行委员会有权就与政策相关的问题提出建议；执行大会作出的政策决定；协调秘书处的活动；做出该党的其他一些决定。

不丹繁荣进步党中央执行委员会应指定顾问或小组委员会处理具体事宜，但不包括政策策略局、候选人选举委员会的方案规划监测等相关事宜。

不丹繁荣进步党中央执行委员会应每季度召开一次会议或事先获得批准后由秘书处召集开会，还应当保存所举行会议的书面记录；会议由主席主持，主席缺席时，由副主席主持；中央执行委员会召开任何会议的法定人数为委员会 2/3 的成员；中央执行委员会的所有决定通过须以简单多数为标准。

（3）不丹繁荣进步党中央书记处

根据不同分工，不丹繁荣进步党的干部包括党主席、副主席、书记、司库、会计师、法务干事、内部审计干事、行政干事、登记干事、媒体与公共关系干事、社会福利干事，以及来自宗、县的干事。不丹繁荣进步党的主席主持大会、中央执行委员会会议，并在投票数相同的情况下投出具有决定性和约束力的最终裁定票。副主席的设置较为特殊，一般情况下并不专门设置该职位，只有在主席缺席的情况下，从党的干事中任命副主席以履行主席职责。书记担任党的秘书处主任，其主要职责有：负责开展符合该党利益的活动；负责全党的管理和行政事务，包括聘任执委会批准的干事；担任中央执行委员会会议和全体党员大会的委员秘书；确保会议通过的决议得到执行，所有关于政党登记、提交年度账目和记录中央执行委员会会议的要求得到落实。

秘书处应由一名书记和其他相关工作人员组成。书记应由大会根据执委会的建议任命。书记和工作人员在履行其职责时，不得接受任何政府或党外任何其他权力机构的指示。秘书处不得从事任何可能影响其作为只对本党负责的干部的行动。非经选举产生的工作人员应由书记根据全体党员大会制定的条例任命。

（4）宗党支部（Dzongkhag Offices）①

不丹繁荣进步党总部设在首都廷布，根据不丹《选举法》的要求，该党在每一个宗都设立党支部。宗党支部的最高决策机构由宗干事、每个县至少 1 名代表、1 名市镇代表组成。从该地区选举出来的议会成员，也需在该党支部登记。

---

①　也译作"宗办事处"。

宗党支部通过宗执行委员会行使职能，宗执行委员会成员的选举由宗党支部根据简单多数投票原则进行。县和市镇代表从每个县和市镇全部注册党员的 2/3 以上成员参加的选举中选出，并附有至少 15 名成员的书面签名认可方才有效。

宗执行委员会成员由宗协调员、宗司库、从本宗选出的议会代表组成①。

宗执行委员会的职能与中央执行委员会相同，包括组织选举和提名候选人。宗执行委员会根据需要举行会议，会议应由宗协调员主持；宗执行委员会按照党章和条例的规定保管所有的账目和记录，保存会议和决定的记录，并按季度或按总部的要求向总部提交相关材料；宗执行委员会在与协调员协商后，对本宗的党员进行登记注册。

在协调员的设置上，不丹繁荣进步党与人民民主党有类似之处，也有不同的方面。不丹繁荣进步党没有像人民民主党一样设置地区协调员，它只设置了 20 个宗协调员、47 个选区协调员、205 个县协调员，每个乞窝 1 名协调员。与人民民主党相同的是，不丹繁荣进步党的这些工作人员都领取工资。

3. 不丹繁荣进步党的施政理念

不丹繁荣进步党旨在建设成为一个充满活力的政党。该党以建立一个统一、繁荣和幸福的国家为使命，努力实现人民在民主的君主立宪制下可以行使自己的权利的希望和愿望。

不丹繁荣进步党的施政目标包括：

（1）努力建构一种在国王确立的新宪法基础上的独特的政

---

① 按照选取划分，每个选区可能有 1 名议员，也只能由其作为代表参加宗执行委员会。

治文化和一种真正的、充满活力的民主。

（2）通过确保选民在区域、年龄和性别方面有充分代表性和参与度，来建设人民始终信任和尊重的坚强的和可持续的党。

（3）通过对社会各阶层的公平、社会正义、法律、良治、安全保障与服务的维护，促进社会的统一、一体化和实现最高标准的人权。

（4）保护不丹脆弱的山地生态，利用包括水力发电在内的方式，增加国民收入，提高全体不丹人的福祉，实现可持续地利用可再生自然资源。

（5）通过适当利用现有资源，确保财政和经济在任何时候的可持续性。

（6）通过各种措施推动不同区域实现平衡发展，确保缩小贫富差距。

（7）不丹丰富的文化遗产和价值体系与现代社会紧密相关，对其进行保护非常必要，在此基础上促进文化产业的发展。

（8）通过特别支持方案，在非私有化的条件下，扩大和改善教育和保健服务，并确保教育与保健服务的标准、质量与可获得性。

（9）加强道路网络等基础设施建设，作为经济增长和社会凝聚力的引擎，促进村庄互联互通，提供更好的服务，增加农村地区的经济发展机会。

（10）维持当前体现国王陛下智慧的规模小且紧凑、高效的政府，减少文书工作，简化决策过程，使政府更加透明和负责任，保持政府可以公开接受批评建议的开放性态度，提高公务员的士气和能力，使他们更有效地提供社会服务。

（11）通过加速通信基础设施发展、增加收入和就业的方案来满足农村人口的生活需要。

（12）在认识到妇女在社会经济领域的作用的同时，创造促进妇女在政治领域有更大参与度和作用的有利环境。

（13）促进私营部门增长，将其作为国家经济健康发展的决定因素，同时确保私营部门承担社会责任，这需要政府为其发展提供便利，打造相互信任的公私伙伴关系。

（14）承认知识青年是社会的资产，为他们创造和提供有报酬的就业机会。

（15）积极应对日益增长的犯罪（强奸、家庭暴力、谋杀和抢劫）、离婚、酗酒、药物滥用和自杀等社会现象。

（16）通过恰当的、可持续的方式，加强家庭、社会和网络建设，确保老人、贫困者和有需要的人获得照顾。

（17）进一步维护外交关系和国家利益，更积极地参与国际组织的工作，这是按照四世国王陛下的规划来进行的。

（18）进一步促进和加强与印度的良好关系。

（19）在国家活动的各个领域打击腐败，保障新闻权利，维护新闻自由。

（三）不丹统一党（Druk Nyamrup Tshogpa，DNT）①

不丹统一党把自己定位为"人民的党""穷人的捍卫者"，主张团结互助、包容一切的精神。2013年大选中，不丹统一党提出了"新时代：新思想"的竞选口号。②

---

① 也翻译为"不丹人民团结党""人民中心党"。

② 参见 Gyambo Sithey，"Drukyul Decides II Bhuans Second Parliamentary Election，2013"，Centre for Research Initiative，Thimphu，Bhutan，July 2014，p. 22。

1. 筹划成立政党

2008 年大选，人民民主党只获得了两个议会席位，组成了反对党。重创之下，该党主席桑杰·盖杜普（Sangay Ngedup）于 2009 年 3 月辞去人民民主党主席职务。人民民主党的败北，让许多党员失去信心而选择离开，他们总结教训建立了一个新党"不丹统一党"。不丹统一党的创立者中，有许多都是前人民民主党的骨干成员，如丹增·勒佩尔（Tenzin Lekphell）、坦丁·多吉（Tandi Dorji）博士和勒吉·多吉（Lekey Dorji），他们最先筹划成立新的政党，之后阿虞特（Achyut）、班德拉里（Bhandrari）、卡玛·多吉（Karma Dorji）和卡玛·尼杜普（Karma Nidup）等来自各地、各个部门的支持者加入其中。不丹统一党创立之初的核心成员对工作安排进行了划分，勒吉负责起草政党宣言，坦丁博士负责意识形态和起草党的章程，丹增负责确定党的候选人和领导职位安排，卡玛·尼杜普负责后勤和协调，卡玛·多吉负责社交媒体、政党宣传网页设计，那木吉（Rinchen Namgay）负责编排党的主题曲、签名曲，尼玛·策林（Nima Tshering）和帕罗（Paro）负责制定经济政策。

不丹统一党在正式确立现名称之前，常被称为"社会民主党""社会主义党""竺克·芬代党"（Druk Phendey Tshogpa），有时甚至被称为"坦丁博士党"。2012 年 5 月 5 日，核心工作组正式公布了该党的名称为"Druk Nyamrup Tshogpa"（不丹统一党）①，其标志为"Khamshimeto"。

2012 年 12 月 10 日，不丹统一党向选举委员会申请登记，并

---

① 指的是以人为中心、讲求实效、共同推动国家前进的党。

提供登记材料。2013 年 1 月 18 日，被选举委员会批准注册，两天后即 2013 年 1 月 20 日，不丹统一党正式成为注册的合法政党，获得注册证书。截至注册时，人民统一党有 135 名注册党员。

2013 年 3 月 2 日，不丹统一党在廷布的拉帕厅（RAPA-Hall）召开全国大会。来自各宗和选区的候选人、协调员、成员以及支持者参加了为期一天的会议。这次大会以无记名投票的方式选出多吉·乔登（Aum Dorji Choden）为该党主席，她获得了全部 121 票中的 117 票。丹增、拉伊（J. B Rai）、卡玛·尼杜普分别当选为该党的总书记、内部审计员和财务主管。大会选举了吉格梅·藏波（Jigme Zangpo）和阿丘特·班达里（Achyut Bhandari）为该党的副主席。在 2013 年 5 月不丹大选的初选中，多吉·乔登在选区赢得了压倒性的胜利，但不丹统一党没能进入第二轮选举。随后，多吉·乔登再次选择加入人民民主党，并在 2013 年 7 月人民民主党获胜后，获得议员资格，成为不丹第一位女部长。在多吉·乔登脱离不丹统一党之后，丹增·勒佩尔继续被任命为党的总书记，坦丁·多吉博士当选为不丹统一党主席。

2018 年 5 月 13 日，不丹统一党在廷布西姆托卡（Sim-tokha）的皇家管理学院大厅举行了全党大会。大会共有 1158 人参加投票，最终以 1126 票的压倒性优势，选举南廷布候选人洛泰·策林（Lotay Tshering）博士为该党主席。蒙格尔（Mong-gar）选区的候选人达索·谢拉布·贾尔申（Dasho Sherab Gyalt-shen）以 1086 票的成绩名列其后，被选为党的副主席。① 贾

---

① "DNT elects Dr. LotayTshering as President and DashoSherubGyeltshen as Vice President", http：//www. bbs. bt/news/? p = 95594.

尔申曾任宗发展委员会（Dzongkhag Development Commission, DDC）书记。

2. 不丹统一党的符号、理念、意识形态

不丹统一党以"带茎的绽放的桃花"为党的象征和竞选符号，意味着新的希望、新的生活和新的开始。桃花的清新和芬芳象征着该党的清廉形象以及对国王、宪法和不丹人民的真诚承诺。另外，桃花也象征着智慧和振兴。

不丹统一党坚持与不丹发展理念相适应的社会民主原则；确保"正义""自由"和"团结"的价值观念①得到有力的保护；保护宪法规定的个人权利和推动个人履行义务；大力弘扬国民幸福总值的哲学理念，按照国家价值观和善政原则努力实现人民幸福；尊重市场经济原则，这一原则在促进人的创造力和企业的发展，为经济增长和社会进步方向作出了贡献；努力制定和执行公共政策，以尽量减少收入不平等和财富的集中，并促进在王国不同地区公共资源分配的公平性。

不丹统一党坚持建设一个繁荣、进步、公平公正的国家，主张基于法治，实现三个核心价值观："团结""自由"和"正义"。

3. 不丹统一党的组织框架

不丹统一党的组织机构由中央机构和地方机构构成。其中中央机构包括中央执行委员会、全党大会、国家咨询委员会；地方机构有选区、宗办事处，选区、宗委员会，宗协调员。除此之外，不丹统一党还会在适当的时候，根据国家的规章制度，

---

① 不丹统一党的党章中也将其作为首要原则。

设置相应的委员会以促进该党的任务的完成。

（1）中央执行委员会的构成、职能与权力

中央执行委员会由 15 名成员组成，包括主席、总书记、司库、国家咨询委员会主任，还有从国民议会（候选人）选出的 5 名成员，从西部、中部、东部和南部地区的宗办事处选出的成员，以及从全党大会选出的两名成员。

人民统一党的主席、总书记、司库和国家咨询委员会主任自动成为中央执行委员会的成员。其余 11 名成员应通过党内选举产生，兼顾公平与地区代表性。同时，也鼓励和推动实现妇女在中央委员会中的性别平等及代表性。

人民统一党中央执行委员会的职能包括：向大会提交年度工作报告，并提交财务报表和经审计的年度账目；向大会提出对党章的适当修正要求，并根据政治发展和情况变化的需要，向大会提出建议、决议和声明；向人民宣传党的原则和目标，并采取中央委员会认为必要的任何行动；募集和管理资助选举的基金；依照《选举法》和《公共选举基金法》为党筹集资金；根据章程和大会制定的政策，建立和指导党的各部门；制定有关党的管理和党员登记、党的纪律所必需的规章制度。

人民统一党中央执行委员会是全党大会的执行机构。党章赋予它的权力包括：在下届大会召开之前，针对委员会的空缺，委任委员进行填补；就重要问题委任分委员会，就这些问题进行实质和详细的讨论，以便向执行委员会提出建议；必要时召开会议以完成其任务；按照党章规定聘任、解聘党的工作人员以及向其支付报酬；为促进党的目标而购买、租赁、交换或以其他方式取得任何种类的动产或不动产；在符合国家规则和惯例的条件下，出售、交换、租赁或以其他方式处置任何动产或不动产及其孳息；在《选举法》《公共选举基金法》的框架内，按照全党大会通过的决议，在安全的情况下，筹借款项；建造、改善、发展和维护党的一切必要财产；邀请有识之士加入国家咨询委员会，并任命他们担任对党具有战略意义的职务；组织中央执行委员会会议，以简单多数票方式通过相关决定为国民议会选举提名候选人。

（2）人民统一党全党大会的构成、职责

人民统一党全党大会是党的最高权力机构。它的职能主要包括：经不丹选举委员会批准，对党章进行修改；充分考虑地区代表的情况下，选举主席、总书记、司库；按照大会制定的标准，选举大会、中央执行委员会的委员；审议党的年度报告；批准党的年度预算；批准中央执行委员会的年度工作计划；决定依照党的规则提请其审查的其他事项。

人民统一党全党大会通常每年举行一次；特别会议可根据中央执行委员会会议的决定，在必要时按照中央执行委员会会议确定的议程、时间和地点来举行。所有党员，不论其职务或职权，均有机会参加大会。大会召开前至少一个月，人民统一党总书记应当书面通知全体党员大会召开的日期和地点；对列入临时议程的内容，总书记应当在大会召开一周前以书面的方式通知所有党员。

（3）人民统一党的国家咨询委员会

人民统一党除设立执行委员会外，还设立国家咨询委员会，就国家政策和战略向中央执行委员会提供咨询。其成员构成和职能有：国家咨询委员会最多由 11 名委员组成，由中央执行委员会委任；委员的产生应当考虑到保持地区平衡的需要，吸纳具有丰富经验的党员，并适当考虑妇女的参与；国家咨询委员会的组成人员，从本党的登记党员中选出。

国家咨询委员会应当从其组成人员中选举主任、副主任和执行职务所需的其他职务的工作人员；全党大会和中央执行委员会提名的代表应以委员秘书身份参加会议；国家咨询委员会每年至少开会一次，如果主任认为有必要，可以临时召开会议；国家咨询委员会会议由主任主持，在其缺席时由副主任主持；会议决定应按照大会和中央执行委员会的程序作出；国家咨询委员会委员可以以观察员身份列席中央执行委员会会议。

国家咨询委员会的职责包括：就该党的政策和战略向中央执行委员会提供咨询；就资金和财政可持续性向中央执行委员会提供咨询；监测和评价秘书处及其附属机构的工作表现，并就其调查结果向中央执行委员会提出报告。国家咨询委员会还应承担中央执行委员会为维系党的利益而分派其所要完成的工作。

（4）宗（选区）办事处、选区委员会

人民统一党根据中央执行委员会和国家选举委员会要求在各宗设立办事处。每一选区都应有一个联络点，作为该党在选区的活动场所。来自选区的政党候选人应主要负责协调和动员其选区选民对本政党的支持。

每个选区还应当设立选区委员会，它由来自县和市镇的代表组成，并由该选区的候选人担任主任。候选人代表担任党员书记，并保存所有正式文件，包括会议记录、与中央办公室沟通的文件、党员名单和账簿。选区委员会是该党在本级的最高决策机关。在宗这一级，各政党候选人（或被任命的人员）和各选区候选人代表应组成宗委员会。宗委员会提名一名选区候选人代表或任何其他注册党员来担任宗协调员。每个宗提名的这名协调员属于来自该区的中央执行委员会委员。

选区委员会的主要职责是审核并登记新成员；在本选区代表该党，执行政党活动；承担中央执行委员会规定的任何其他职能。

宗协调员和宗委员会的职能包括：宗委员会协调不同选区的活动；安排政党代表和领导人访问该选区和宗期间的后勤工作；与选举委员会或任何其他机构联系，并向其秘书处提供适当信息；中央执行委员会规定的任何其他职能。

（5）主席的职责

在中央执行委员会认为需要对党内各派势力进行制衡时，党代表不得同时担任党主席和总理或反对党领袖的职务。如果该党获胜，总理的提名人不必仅限于该党主席。

主席的主要职责是：第一，对党进行有效领导；第二，作为党的领袖，对自己的行为负责；第三，代表本党出席各种全国性的活动和国际论坛；第四，领导党和地方各级领导班子；第五，按照党的章程，明确党内其他成员的职责。

（四）不丹民主社会主义党（Druk Chirwang Tshogpa，DCT）

1. 不丹民主社会主义党的创立与发展

不丹民主社会主义党的创立，源自于另一个政党 Druk Meser Tshogpa（DMT）的解散。DMT 最初成立于 2012 年，由彭乔里（Dasho Penjore）、贾纳特·夏尔马（Jaganath Sharma）、莉莉·旺楚克（Lily Wangchuk）、前议员德文·塔芒（Devan

Tamang）、退役少校戛里（S. B. Ghalley）、多吉（C. T. Dorji）博士和坦丁·策林（Tandi Tshering）等人创立。然而，该党在选举委员会登记注册时，创始人之间产生了较大分歧。分歧的焦点在该党的决策机制以及党的意识形态、标志和主席人选上。彭乔里最初同意让莉莉·旺楚克担任该党主席，但两人的分歧变得越来越严重，沙玛（J. N. Sharma）和坦丁·策林邀请莉莉·旺楚克（Lily Wangchuk）成立新的政党即不丹民主社会主义党，并担任主席一职。2012 年 11 月 1 日上午 11 点 30 分，不丹民主社会主义党向选举委员会递交登记申请，成为第二个加入 2013 年竞选的政党。选举委员会在 2012 年 12 月 28 日的特别会议上批准其成为合法政党，注册党员人数为 587 人。2013 年 1 月 7 日，该党获得注册证书正式成为不丹合法政党。

　　不丹民主社会主义党第一次全国大会于 2013 年 4 月 13—14 日在廷布的拉帕大礼堂举行。莉莉·旺楚克以 238 票（全票为 258 票）的高得票率当选为党主席。大会还选举策林·多吉（Tshering Dorji）为副主席，吉姆·策林（Gem Tshering）为总书记，拉图·旺楚克（Lhatu Wangchuk）、肯乔·扎西（Kencho Tashi）为司库，塔盖·多吉（Tshagay Dorji）担任内部审计员。随后，因中央执行委员会的人员安排问题上的分歧，吉姆·策林辞去了总书记职务。

　　2013 年 5 月 5 日，不丹民主社会主义党向选举委员会提交了意向书，初步确定了 47 名候选人和 587 名党员的名单，从而有资格参加初选。2013 年 5 月 14 日，不丹民主社会主义党在普那卡（Punakha）启动了该党的竞选活动。

　　2018 年 2 月 28 日，不丹民主社会主义党宣布并入繁荣进步党，来参加 2018 年大选。该党主席莉莉·旺楚克对此表示，为了能成功合并，不丹民主社会主义党已经于 2018 年 2 月 26 日向不丹选举委员会撤销了登记。她还指出，繁荣进步党是个更大的平台，不丹民主社会主义党可以通过这个平台来实现自己的政治目标和意识形态。①

2. 不丹民主社会主义党的象征符号与执政目标

不丹民主社会主义党的选举象征符号是一只天鹅，从莲花上飞向天空，莲花生长在一片水域里，背景是一颗珍贵的宝石，两边都是绿叶。水体代表着人民与稳定；莲花象征纯洁与和谐；天鹅象征着不丹的团结、平等和积极的变革。不丹民主社会主义党的象征符号由蓝、黑、粉、绿四种颜色构成。蓝色和黑色象征着民主、人民、团结、和平、稳定、公平和正义；粉红色代表民主社会主义，是党的意识形态的基础；绿色象征着繁荣和幸福。

不丹民主社会主义党的哲学与政治思想立足于智慧以及社会民主的原则、价值。不丹民主社会主义党信仰自由、平等和团结；相信通过维护宪法的神圣性，保护公民权利，确保实现公正、团结、繁荣、和谐的社会来加强民主。不丹民主社会主义党的发展方针是"以人为中心""以公民利益为中心"；主张包容和可持续的社会经济发展，并将环境保护放在优先位置。

不丹民主社会主义党的执政目标：（1）对不丹王国宪法有真诚的信仰和忠诚；（2）维护不丹王国的独立、主权、安全和

---

① "DCT joins Druk Phuensum Tshogpa", http://www.kuenselonline.com/dct-joins-druk-phuensum-tshogpa/.

领土完整；（3）建设一支力量强大、反应积极、成员广泛（不同地区、不同年龄段、不同性别、各阶层均衡参与）的政党；（4）建立和推进透明和负责任的国家治理，让所有公民都能积极参与其中；（5）促进以人为本的包容性增长；（6）努力制定和执行解决地区和社会阶层经济差距的政策；（7）尽量减少收入不平等和财富集中的情况，促进公共设施在不同人群和不同地区之间的公平分配；（8）通过强大、独立的媒体和公民社会促进充满活力的民主政治发展；（9）为人们追求幸福创造有利条件，确保所有人都能获得清洁水、食物、住房、保健和教育等基本必需品，保障人民的权利和自由，解决各种社会问题，制定有利于残疾人的政策；（10）通过政策干预、有针对性的方案和对有需要的人的照顾，从根源上解决日益严重的社会问题（强奸、家庭暴力、谋杀、抢劫、离婚、酗酒、吸毒成瘾、自杀、孤儿、贫困和无家可归），确保不丹人民享有良好的生活；（11）通过基础设施发展计划、互联互通、农村就业、增加经济机会和有针对性的干预措施来满足农村人口的需求，通过促进和支持研究有效的人类与野生动物冲突解决方案来缓解贫困，并解决人类与野生动物的冲突；（12）制定不同性别的职业培训方案和实行有针对性的干预措施，以解决女性和青年就业问题，避免劳动者工作和技能不匹配；（13）为青年创造和提供有收入的就业机会；（14）制定符合性别现状的政策，促进妇女更多地参与所有领域的工作和活动；（15）促进经济增长和自力更生，同时确保公平、均衡的区域发展和自然资源的可持续利用；（16）通过公平的市场竞争鼓励和促进私营部门发展，防止商业垄断；（17）促进职场的专业精神，以及每个政府机构能有效、迅速地提供公共服务；（18）推行系统的工作表现评估和高效率的管理制度，以鼓励公务员在工作中精益求精；（19）促进社会正义、文化和谐，不分种族、宗教、地区、性别、社会出身、生理条件或语言等，促进人人平等；（20）努力创造条件，使一个具有普遍人类价值观的美好而富有同情心的社会能够持续发展；（21）保护我们的原始环境，追求具有可持续性的、利用可再生自然资源的建设项目；（22）保存作为我们民族特征基础的、丰富的传统、文化、宗教和精神遗产；（23）扩大和改善教育服务项目，强调标准、质量和可获得性，充分发挥人的个性、价值和技能；（24）促进政府提供保健服务，强调服务质量和预防措施。

3. 不丹民主社会主义党的组织机构

不丹民主社会主义党的组织机构包括：大会、执行委员会、宗协调办事处、选区委员会。不丹民主社会主义党的领导人是党的主席；最高决策机关是执行委员会。

（1）大会

不丹民主社会主义党大会应向所有已登记的党员开放，包括主席、副主席、选区代表、总书记、司库、内部审计员等。大会每年都应当召开会议或由执行委员会决定召开会议。大会由主席主持召开，主席缺席时，应由副主席主持会议。大会可讨论党章范围内或与党章规定的任何机关的权力、职能等有关的问题或事项。大会召开须有执行委员会、宗协调员和各选区的协调员三分之二以上的成员参加。党的主席、副主席由大会通过无记名投票方式从本党登记党员中选举产生。他们的任期为五年，并有资格连任。

（2）执行委员会

不丹民主社会主义党的执行委员会是党的最高决策机构，有权制定和修改党的规章制度和政策。执行委员会由主席、副主席、内阁中的党员、5 名由大会选出的各选区代表、财务主管和总书记组成。

（3）书记处

不丹民主社会主义党设立书记处，负责党的日常工作。书记处的人员包括书记、司库、会计、政策和规划分析师、法律顾问、内部审计员、行政官员、登记官、发言人。

4. 2013 年不丹民主社会主义党的竞选宣言

2013 年不丹民主社会主义党以独立政党身份参加大选时提出了自己的竞选宣言。宣言中提出设立一个新的性别、青年和社会发展部；增加职业院校数量；制定国家教育政策；制定妇女能更多地参与所有职场领域生活所需的友好政策。父亲们将享有更多的生产陪护假期，而招聘更多女性的公司将享受税收优惠等。

（五）不丹昆尼安党（Bhutan Kuen-Nyam Party）

2012 年 6 月 6 日，不丹昆尼安党在廷布的办公室召开新闻发布会，党的发言人索纳姆·托布盖伊（Sonam Tobgay）宣布了不丹昆尼安党是一个独立的政党。在发布会上索纳姆·托布盖伊还向媒体宣布了该党的意识形态、标志和口号。2012 年 10 月 30 日，昆尼安党向选举委员会申请登记为政党。索纳姆·托布盖伊把所需的文件交给了选举委员会负责政党登记的登记官达瓦·丹增（Dawa Tenzin）。2013 年 1 月 1 日，选举委员会发布通告称不丹昆尼安党于 2012 年 12 月 28 日被批准为政党。截至登记注册时，该党登记注册的党员为 253 人。

2012 年 10 月 17 日，不丹昆尼安党宣布了它的 3 名候选人。他们分别是 46 岁的塔什（Tshewang Tashi）、退役少校卡玛尔（Kamal Chhettri）以及多吉（Thinlay Dorji）。尽管该党随后陆陆续续地提名了其他候选人，但直到 2013 年大选之前，不丹昆尼安党在嘎洒（Gasa）的两个选区都缺少符合资质的候选人，因此被取消了参加初选的资格。

1. 不丹昆尼安党的目标

不丹昆尼安党致力于维护不丹王国的独立、主权和领土完整；通过在社会各阶层培育民主意识和民主原则，推广平等代表权和民主治理，保障所有不丹人的自由和福祉；发展不丹丰富和独特的文化、传统；塑造无阶级之分、无种族之分的平等社会；塑造每个人都能实现自身价值与利益的社会秩序；在一个公正和人道的社会中，消除贫困，提高所有不丹人的福祉和生活质量，让那些无法自给自足的人过上有尊严的生活。

2. 不丹昆尼安党的意识形态

不丹昆尼安党坚持"正义""自由""平等"和"博爱"的价值观念。它提出为不丹人民服务，以"关心所有人"为选举口号，为了实现这一目标，该党声称把"社会服务"置于优先地位，通过建立强大的政治制度，"让我们每一个人和我们的孩子都生活在一个更美好的地方"。

不丹昆尼安党在国民幸福总值的哲学思想下，坚持：平等原则——尊重每个人，赋予人民权利，维护人权和法治；包容——通过参与性和包容性的政治和治理进程，促进国家的社会、文化和经济发展；文化价值——保护不丹独特的生活方式和环境。

3. 组织结构

（1）不丹昆尼安党大会

不丹昆尼安党大会是该党的最高决策机构。大会向所有成员开放，包括宗协调员、县协调员、选区代表、党的秘书处成员和党的顾问。大会召开的最低法定人数为全国执行委员会2/3以上的成员，宗和县的协调员也应出席大会。

不丹昆尼安党大会是最高权力机构。大会应至少每年召开一次会议，或根据该党全国执行委员会决定而召开。党的主席主持大会会议，主席缺席时，由副主席主持会议。如双方缺席，则选举一名临时主席主持会议。大会在经过不丹选举委员会批准后，与全国执行委员会协商，方可批准和修改党章。大会应讨论有关国家、区域和宗的问题。大会负责对主席的不信任动议投票，负责审查执行委员会和宗协调处的活动、发展情况和业绩。

（2）全国执行委员会

不丹昆尼安党全国执行委员会是该党最高决策机构的执行机构，它由以下成员构成：委任为内阁部长的本党成员（该政党在议会中有席位的情况下）；国民议会当选的本党代表（该政党在议会中有席位的情况下）；大会选举产生的成员；从宗协调办公室选举出的代表，每个宗最多两名；其他由大会选举产生的成员。全国执行委员会由至少15名，最多不超过21名委员组成，任期五年或视需要由2/3的党员投票决定任期。当选为内阁成员的本党党员应当是全国执行委员会的成员。全国执行委员会至少每三个月召开一次会议。但有2/3成员提出要求，委员会应在接到通知后一个月内举行会议。全国执行委员会召开的法定人数为全部成员的2/3，其任何决议的通过都遵照简单多数的标准。党的总书记是全国执行委员会的委员书记，负责准备和记录党的会议。全国执行委员会应执行大会提出的政策建议，并协调党的活动。

（3）宗协调办公室

宗协调办公室由20名宗协调员、205个县协调员、47个选区协调员和顾问组成。

（六）非议会政党

不丹民主改革后在国内参加民主选举的政党都保持着相似的执政理念和相似的意识形态。除了选举委员会登记注册的合法政党外，不丹还存在着历史更久远、思想更激进的政党。而这些在政治上较为激进的政党也因各种原因被排除在议会政治生活之外。

不丹人民党是不丹成立最早的政党。20世纪80年代之后，随着不丹民族识别的展开，大量尼泊尔族（lotshampas）① 群体失去公民身份而流落尼泊尔，成为世界关注的国际难民。相应地，为了实现不丹尼泊尔族的政治权利，不丹人民党（BPP）于1990年6月2日在西孟加拉邦由布达索基（R. K. Budathoki）创立，布达索基任该党主席。不丹人民党坚持不丹尼泊尔族的民族主义立场，保护其利益，并一直致力于实现不丹尼泊尔族难民问题的解决。不丹人民党在自己的官方网站宣称，"党成立后，中央委员会一致宣布，党的政策和目标是通过宣传和动员

---

① 也称为洛沙姆帕族（Lhotshampas）。

境内外群众的协同斗争，开启变革（不丹）管理体制的进程。党的目标是建立一个君主立宪制下，能保障所有种族社区的平等权利、社会正义和法治，以对抗目前有偏见和歧视性的制度的民主政治制度"。①

1990年9月至10月，不丹人民党参与了不丹南部的大规模抗议集会，因此被政府宣布为非法的恐怖组织，并被禁止进入不丹。2001年9月9日，不丹人民党流亡尼泊尔的领导人布达索基在尼泊尔东部贾帕（Jhapa）地区一个名叫达马克（Damak）的小镇被谋杀。巴拉姆（Balram Poudyal）接替布达索基成为不丹人民党的领导人。

2008年1月，仍流亡尼泊尔的不丹人民党，在不丹建立多党制时，要求登记注册。不丹选举委员会拒绝了这一要求，不丹人民党被禁止参加2008年不丹首次选举。

不丹人民党信奉民主社会主义和混合所有制的意识形态，以实现不丹国内经济一体化和基层社会民主化为目标。不丹人民党致力于贯彻自由、平等、团结和正义的理想和原则。主张确保每一个人在自由和公平选举的框架内进行自由选择，建立在人民自由意志基础上的政府，保障每一个公民和少数民族的权利，以法治为基础的司法公正适用于所有公民，不论其性别、种族、出身和其他。民主是现代社会不可缺少的要素。人民应该通过民主和民主进程在生活的所有方面——政治、社会和经济方面行使控制权。社会民主或民主社会主义是其他权利和自由的前提条件。自由、平等和繁荣只能通过一个人道框架内的民主结构来

---

① 参见不丹人民党官网，http://bpparty.org/pages.php? ID = 5.

实现和保障。民主社会主义也意味着文化民主。

此外，不丹人民党的民主社会主义思想还主张所有文化类型都必须享有平等的权利和机会，每个人都有平等的机会获得国家和国际文化遗产。所有发展，无论是经济或社会发展，都必须包容国家的文化多样性。在自然观方面，不丹人民党的民主社会主义思想坚持自然是人类的生命支持系统，它的毁灭会自动导致人类的毁灭。因此，民主社会主义主张国际社会共同努力保护自然环境，从而以替代机制取代所有对环境有破坏性的产品和项目，以促进对自然的保护。

二 不丹君主立宪制改革以来的议会选举

不丹的第一次议会选举肇始于 2005 年 12 月 31 日国王颁布皇家法令，并成立选举委员会。选举委员会由 1 名首席选举专员，从首相、首席法官、议长、国家委员会主席和反对党领袖共同推荐的名单中由国王任命的两名选举委员组成。他们的任期是 5 年，最高年龄限制为 65 岁。选举委员会的职责包括：发布选举规则、划定选举边界、指导选民名册准备工作、政党登记、选民教育、监督政党和竞选资金，以及裁决与选举有关的投诉。

成立后的选举委员会开始起草相关的选举法律规范，宣传教育选民，并在全国着手建设国家选举所需的管理框架。在全国 20 个宗，选举委员会指定每个宗的宗长在选举期间承担首席选举协调员职责，以方便选举委员会开展工作。此外，选举委员会还在 20 个宗设置宗选举官员（Dzongkhag Electoral Officers, DzEOs）为常驻代表。选举事务处负责更新选民名单，并由一名登记主任及一名定界助理协助。选举事务处也负责设置投票站及提供印制邮寄选票。选举委员会为每个选区指定公职人员担任选举期间的选举主任（The Returning Officer）。选举主任负责决定候选人的提名、接收投诉、发出投寄选票，并全面负责点票程序。全国865个投票站，由选举主任分别委任一名投票站主任及3名投票官员负责各个投票站的工作。他们大部分为本地教师或公务员。2008年大选，共有5184名投票官员参与了各个投票站的投票活动。

据选举委员会的首席选举专员汪迪（Dasho Kunzan Wangdi）介绍，不丹的第一次议会选举没有邀请国外人士担任顾问，而是选举委员会直接通过互联网学习、借鉴其他国家的经验做法。为了保证具有历史意义的第一次不丹大选顺利进行，选举委员会在2007年4月和5月举行了两轮模拟选举，并在2007年12月31日和2008年1月29日举行了国家委员会选举。

（一）2008年第一次大选

1. 投票过程

2007年3月起，不丹选举委员会为所有登记选民提供了有本人照片的投票证（VPIC），以供投票之用①。投票证由选举委员会基于家庭与文化事务部（the Ministry of Home and Cultural Affairs，MOHCA）维护的数据库向每个选民开放，自动生成证件。

2008年1月29日，不丹国家委员会选举是不丹的第一次议

---

① 根据不丹法律的相关规定，所有18岁以上的不丹人都有资格投票，但宗教人士和王室成员除外，他们被要求不参与政治。从2014年起，9月15日被定为不丹的全国选举日。

会选举。这也是不丹议会建立的第一个阶段，是不丹向一个年轻的民主国家过渡的第一个阶段。2008 年的国家委员会选举中，全国共有 312502 名注册选民，其中有 165962 人参加了投票，总投票率为 53％。其中 4742 张选票是通过邮寄的方式投出的。52 名候选人参加了 2008 年国家委员会 20 个席位的角逐。第一次大选 53％的总投票率并不很高，之所以出现这种情况，主要是因为 20 世纪末期不丹针对尼泊尔族裔进行民族身份识别对选民资格及其数量造成了较大的负面影响。

20 世纪 80 年代之前，不丹尼泊尔族按照不丹相关法律规定获得了公民身份。1953 年不丹成立了国民议会。随即国民议会和国家公职人员中出现了尼泊尔族的代表。尼泊尔族在政治上被认同，还表现在他们的母语成为官方语言之一。20 世纪 50 年代不丹国民议会的公报，往往会翻译为三种语言即英语、宗卡语和尼泊尔语。直到 1988 年之前，尼泊尔族人还可以在学校享受免费的尼泊尔语教育。

20 世纪 80 年代之前，为了解不丹的民族状况、人口数据，也为了顺利地加入联合国，不丹政府在 1964 年至 1971 年对不丹国内进行了第一次人口普查。为增强普查数据的有效性，不丹皇家咨询委员会的委员们被分派到各地对普查活动进行监督。在第一次人口普查的基础上，不丹内政部成立了登记机构，并于 1977 年进行了第二次人口普查。以 1977 年普查数据为基础，不丹政府为包括尼泊尔族在内的所有不丹公民发放了公民身份证。

1985 年不丹政府修订了 1958 年的《国籍法》，新《国籍法》在 1988 年再次进行人口普查时生效，1988 年的人口普查还需要每个家庭出示土地税的相关证明，无法出示证明材料的家庭也将被视为非法移民。新法案的出台，直接造成了近 1/6 的不丹人口即 12 万 5 千名尼泊尔族人失去公民资格，成为难民。①

2008 年大选前，不丹政府建立了涵盖持有最新公民身份证人员的民事登记数据库，选民身份证也于 2004 年 8 月开始发放。2005 年的人口与住房普查统计显示，不丹全国年龄在 18 岁以上的有 378786 人。国民大会和国民议会的选举名册分别于 2007 年 11 月 25 日和 2008 年 2 月 1 日截止登记。选举前最后的这次登记数据显示，国民大会和国民议会登记选民分别为 312817 人和 318465 人②。

同时，为了能够让皇权与佛教权威对选民投票产生可能的影响，从而保证选举的独立性与公正性，王室成员和佛教僧侣不允许投票。不仅如此，国家选举委员会规定在国家议会选举中，候选人因选举产生的开支不得超过 10 万努，而宗和市镇委员会选举中，候选人的开支不得超过 5 万努。

在 2008 年的不丹议会选举中，还出现了一些暴力活动。但 2008 年 1 月 20 日发生的暴力事件，③ 没有对不丹大选造成太大影响，投票活动依旧在相对平静的气氛中进行，投票率也没有受到太大影响。国民议会的选举中，总计有 79.45% 的合格选

① 杜敏、李泉：《不丹尼泊尔裔族民族问题的根源论析》，《世界民族》2018 年第 5 期。

② 不丹皇家政府国家统计局出版物《不丹 2005—2030 年人口预测》的合格选民数据，http：//www. nsb. gov. bt/publication/files/pub0fi10137nm. pdf.

③ 2008 年 1 月 20 日，包括首都廷布在内的 4 个地方发生了炸弹袭击。新成立的激进组织不丹联合革命阵线（the United Revolutionary Front of Bhutan）宣称对爆炸事件负责。

民参加了投票，比两个月前国家委员会选举的投票率高出近 25
个百分点。①

2. 匿名投票

2008 年 7 月 28 日，不丹议会第一届第一次会议根据不丹新
宪法，颁布了不丹的《选举法》，该法于 2008 年 8 月 12 日正式
生效。不丹《选举法》第 157 条、第 330 条规定了国民议会的
候选人提名、选民投票都应当采用无记名（Secret Ballot）投票
方式。不丹的无记名投票最早可以追溯到 1968 年的国民议会选
举。1968 年国民议会第 29 届会议第一次以无记名投票方式选
举出柯藏（Dasho Kelzang）为国民议会第 5 任（1969—1971
年）议长。1969 年，不丹的无记名投票制度再次被应用于对国
王的信任投票。1970 年，皇家咨询委员会成员也是通过无记名
投票选举产生。

21 世纪初，匿名选举制度被扩展到基层政权组织的选举
中，如 2002 年的堪布（县长，Gup）选举。2002 年国王颁布法
令要求：全国所有县（Gewog），21 岁以上的有选举权的公民，
以无记名投票方式来选举本县的堪布。因此，2002 年 11 月举
行了第一次全国选举。这是不丹第一次进行的全国范围内所有
有选举权的选民都参加投票的选举活动。虽然此次全国性的选
举中，各县投票率参差不齐，最低为 19%，最高也只有 67%，
平均投票率仅为 34.4%，② 但是它在不丹的民主政治生活中，
也不失为一次伟大的尝试，为不丹君主立宪制改革后的政治生

---

① "BHUTAN Tshogdu（National Assembly）", http：//archive. ipu. org/parline-e/reports/
arc/2035_08. htm.

② Gyambo Sithey, Tandi Dorji, "Drukyul Decides：In the minds of Bhutan's first voters",
Tashi Loday& Bhutan Times, Sep. 2009, p. 7.

活作出了重要铺垫。

3. 选举结果

国民议会选举，对候选人的资质条件要求更加严格，即年龄须为25—65岁，且有本科学位。据欧盟选举观察团（the EU Election Observation Mission）估计，不丹只有1500人符合该学历条件，这意味着学历要求将绝大多数的民众排除在候选人人选之外。[①]

2008年3月24日，不丹举行国民议会的首次选举，选出47名国民议会候选人。2008年1月22日，参加竞选的两个政党向选举委员会提交意向书、候选人名单以及选举宣言副本和经审计的财务状况等。同日，政党选举宣言也向公众发布，竞选活动随之正式开始。2008年1月31日至2月7日，不丹选举进入提名候选人的阶段。

不丹繁荣进步党和人民民主党是参加不丹首次历史性选举的两个政党。根据选举规则，国民议会的选举分两轮举行。在初选（第一轮）中，不丹民众投票给他们选择的政党。在大选（第二轮）中，初选中获得最多票数的两个政党派出他们的候选人。由于只有两个政党登记参加选举，2008年的初选没有举行。不丹繁荣进步党和人民民主党两党竞选纲领相似，都承诺推动不丹政治、经济、文化发展。不丹繁荣进步党强调"公平和正义"，重点关注教育、就业和基础设施建设。不丹繁荣进步党直接在竞选中提出"公平和正义"的竞选口号，并在竞选宣传中强调，随着不丹民主模式的变化，未来的不丹将按照民

---

① 参见欧盟选举观察团发布的不丹国民议会选举最终报告。

主的原则，所有公民都将被平等对待，不会对社会地位、种姓、种族或等级存在差异的人加以区分。同样，正义将是不偏不倚的，并根据国家法律予以实现。此外，不丹繁荣进步党一再强调它的口号与实现"国民幸福总值"的重要性之间的联系。而相对于不丹繁荣进步党的宣传，人民民主党的承诺似乎更加具体。它主张通过权力下放来消除贫困和促进农村经济发展。

2008年的大选，最后以不丹繁荣进步党的彻底胜利而告终。不丹繁荣进步党赢得了不丹国民议会47个席位中的45个。不丹媒体将不丹繁荣进步党的胜利归功于廷里的声望，认为他与人民关系密切是不丹繁荣进步党胜利的重要原因。2018年3月29日，两名当选的人民民主党候选人承诺将努力在国民议会中建立一个"强大的反对党"。2018年4月9日，国王任命不丹繁荣进步党主席廷里为新总理。他随后宣布了内阁成员以及国民议会议长和副议长的提名人选。国民议会、国家委员会的第一次会议分别于2008年4月21日、2008年4月29日举行。两院第一次联席会议于2008年5月8日举行。国民议会举行的第一届第一次会议，选举人民民主党的吉格梅·楚尔廷（Jigme Tshultim）先生为国民议会的议长，托布杰（Tshering Tobgay）为反对派领导人。

（二）2013年议会选举

2013年3月6日，不丹第一届议会召开第10次会议，也是最后一次会议。2013年3月9日，国王颁布法令，要求举行第二次国家委员会选举，第二次议会选举开始启动。

1. 国家委员会选举

国王法令要求，2013年3月12日在县和市镇进行候选人提名选举，并于 3 月 31 日完成提名工作；4 月 1 日对候选人提名进行审查，竞选活动开始；4 月 21 日，竞选结束；4 月 23 日国家委员会开始投票；4 月 24 日公布投票结果。

2013 年不丹国家委员会选举，全国共设有 850 个投票站，经过候选人提名选举后，产生了 67 名候选人。国家委员会最终将从这 67 名候选人中选出 20 名委员。各宗设置了选举协调员，全国共 20 名，另有 39 名副协调员，205 名助理协调员，20 名选举监察人，28 名助理选举监察人。为圆满完成这次选举任务，全国除皇家警察和皇家军队外，共有 4250 名投票官员投入到选举的后勤保障工作中来。

67 名来自全国各县和市镇的候选人中，只有 5 名女性，并最终全部落选，其他 62 人皆为男性。2013 年 5 月 6 日，国王以法令的形式提名 5 名委员，分别是卡玛·达姆乔·尼杜普（Karma Damcho Nidup）、卡玛·耶泽尔·兰迪（Karma Yezer Raydi）、坤莱·策林（Kuenlay Tshering）、塔什·旺姆（Tashi Wangmo）、塔什·旺耶尔（Tashi Wangyal）。其中卡玛·达姆乔·尼杜普和塔什·旺姆为女性。

2013 年 5 月 8 日发布的皇家法令规定，国家委员会第一次会议将于 2013 年 5 月 10 日举行。2013 年 5 月 9 日，20 名当选委员和 5 名国王任命的人员重新组建国家委员会，同时提名国家委员会主席和副主席的候选人。达绍·索纳姆·秦嘉（Dasho Sonam Kinga）、吉格梅（Jigme Rinzin）和桑盖（Sangay Khandu）被提名为主席候选人；在卡卡·策林（Kaka Tshering）退出竞选后，副主席的候选人只有策林·多吉（Tshering Dorji）和哈奥（Haa）。达绍·索纳姆·秦嘉以 15 票的优势，战胜桑盖、吉格梅，他们的得票分别为8票和2票。另外，策林·多吉则是以25票的全票优势当选为副主席。2013年5月10日，国家委员会改组完成，并宣誓就职。

2. 国民议会选举

2013年4月28日，国王颁布法令，要求成立过渡政府，举行国民议会选举。第二天，第一位民选首相吉格梅·廷里及其内阁将首相职位移交给临时政府后正式辞职。皇家法令指示过渡政府执行政府的日常职能，直到新首相在新国民议会成立后就职再停止运作。但法令规定临时政府的运作周期为90天。

2013年4月29日，不丹选举委员会发布了国民议会选举时间表。2013年议会上院国家委员会选举于4月举行，2013年5月6日不丹国民议会选举正式开始。各个政党也纷纷启动了自己的竞选计划，发布竞选宣言。同年5月28日不丹国民议会选举的初选拉开帷幕，7月8日进行了第二轮大选。

2013年5月8日，繁荣进步党在通萨发布了自己的竞选宣言，称要建设一个"独立自主""自力更生"的不丹。该党还承诺努力使每年前往不丹的游客人数翻番，即达到20万人次；探索开通往返中国香港、孟买、班加罗尔、马尔代夫和缅甸的新航线；在学校实行引入平板电脑代替教科书的试点项目；承诺到2020年实现1万兆瓦发电量的目标。

新成立的不丹民主社会主义党在宣言中突出强调性别平等和对女性权利的保护。宣言中该党主张建立一个新的政府机构——性别、青年和社会发展部。该宣言非常详细、具体，其中包括建设一个充满活力的民主国家、可持续的经济、农村繁荣、社会和谐、赋予妇女权利、对青年发展加大投入、更好的教育、更健康的不丹、促进传统文化发展、绿色愿景、对科研与创新的投入以及加强外交关系等。

2013 年 5 月 11 日不丹统一党发布自己的竞选宣言，承诺将提升退役军人的待遇、调整政府机构、培养更多经济增长点来缩小经济发展差距，制定《公民红利法》实施累进税以便公平分配国家的自然财富。

人民民主党的竞选宣言较为通俗。该党指出让每个县有一台动力机械耕作机；每个宗都配置一台挖掘机、一个消防机构以及两辆救护车；公务员的津贴提高 20%，民选官员的女性比例达到 20%；妇女享受 9 个月产假；取消毕业生的试用期；向 70 岁以上的公民发放津贴；向农村家庭免费提供电力；取消针对农村企业和农民的汽车进口禁令；重启彩票业务；为失业青年发放津贴等。

2013 年大选中共有 4 个政党参加，它们分别是人民民主党、繁荣进步党、不丹统一党和不丹民主社会主义党，经过初选后，只有人民民主党、繁荣进步党顺利晋级第二轮选举，争夺执政党的宝座。

首轮选举中，人民民主党、繁荣进步党、不丹统一党和不丹民主社会主义党 4 个政党的得票分别为 68650 张、93949 张、35962 张 和 12457 张，得票率分别为 32.53%、44.52%、17.04% 和 5.9%。① 新成立的不丹统一党、不丹民主社会主义党第一次参加大选，排名第三、第四，无缘第二轮选举。

首轮选举中，执政党繁荣进步党以 44.52% 的得票率领先

---

① Medha Bisht and Dil Bahadur Rahut, "Assessing Bhutan's Elections: Some Facts, Some Assumptions", *Economic and Political Weekly*, Vol. 48, No. 39 (September 28, 2013).

于反对派人民民主党 32.53% 的得票率。但是第二轮的大选中，人民民主党扭转颓势，以 138760 张选票和 54.88% 的得票率，一举拿下 47 个国民议会席位中的 32 席，赢得执政党桂冠；而繁荣进步党只获得了 114093 张选票，得票率为 45.12%，获得 15 个席位，跌落为国民议会的反对党。

2013 年 7 月 14 日，不丹选举委员会正式宣布了 2013 年国民议会大选结果。不丹首席选举专员汪迪（Dasho KunzangWangdi）宣布，按不丹王国宪法第 15 条第 8 款的规定，不丹人民民主党在本次选举中，获得 32 个席位，当选为第 2 届国民议会的执政党；不丹繁荣进步党获得 15 个议会席位，成为反对党。

2013 年 7 月 19 日，人民民主党 32 名候选人在选举中获胜，通过无记名投票选举首相。31 名候选人[①]通过匿名投票，一致推选策林·托布杰（Tshering Tobgay）为不丹首相。2013 年 7 月 27 日，国王册封了新首相和部长。

（三）2018 年不丹第三次议会选举

2018 年 10 月 18 日不丹国民议会举行了民主改革以来的第三次选举，全国共有 438663 名注册选民，共 313473 人参加了投票，投票率为 71.46%[②]。前执政党不丹人民民主党在首轮选举中被淘汰。进入国民议会的第二轮也就是最后一轮选举，被称为带有"社会主义性质"[③]的不丹统一党，以超过 17 万张选

---

① 策林·托布杰本人投弃权票。

② 参见国际选举基金会网站"选举指南（Election Guide）"提供的数据，http://www.electionguide.org/elections/id/3117/.

③ 因为不丹法律规定不允许有其他不同于"国民幸福总值"的意识形态存在，所以所有参加竞选的政党都没有意识形态上的差别，而只能在执政理念上进行竞争。所以不丹统一党否认自己是带有"社会主义"性质的政党。

票，54.9%的得票率一举击败前议会的反对党繁荣进步党，获得 30 个席位，而繁荣进步党只获得了 17 个席位。①

1. 不丹第三次国民议会选举的背景与特点

1907 年，乌颜·旺楚克废除了沙布东政体建立了世袭君主制。20 世纪中叶，第三世国王吉格梅·多吉·旺楚克开始了一系列的政治改革。2008 年 3 月 24 日，不丹进行了历史上第一次议会民主选举。不丹的议会结构属于两院制。上院是国家委员会，由 25 名成员组成，由每个宗卡（Dzongkhag）② 产生一名代表，即全国共 20 名代表，加上由国王直接任命 5 名成员构成。下院是国民议会，最多时曾有 55 名议员，③ 由最后一轮选举出的两个党派成员组成。上下两院议员任期为 5 年。2008 年大选中，不丹繁荣进步党大获全胜，在国民议会中有 45 名议员；进入最后一轮竞选的人民民主党（PDP）收获了 253012 张选票，虽然得票率为 33%，但是在国民议会中只有两个席位，成为反对党。④ 2013 年选举形势大逆转，第一届政府中的反对党人民民主党出人意料地击败了执政党不丹繁荣进步党，最终赢得了 47 个席位中的 32 个；前执政党不丹繁荣进步党获得 114093 张选票，得票率仅为 45.12%。⑤

相对于第一、第二次国民议会选举，2018 年的第三次大选

---

① 参见美国国际选举基金会网站"选举指南（Election Guide）"提供的数据，http：//www.electionguide.org/elections/id/3117/.

② 宗卡，不丹的行政单位——区，全国共 20 个这样的区。

③ 不丹目前设置了 47 个选举区，所以 2008 年与 2013 年两届国民议会选举中，议员数量都为 47 人。

④ "Bhutan's way to democracy"，http：//bhutan.um.dk/en/about-bhutan/bhutans-way-to-democracy/.

⑤ Ms. Medha Bisht，"Peace & Conflict Database-Seminar Report"，http：//www.ipcs.org/seminar/peace-and-conflict-database/bhutan-elections – 2013 – 1049.html.

表现出以下特点：

（1）投票人数大幅度回升

不丹是世界上"最年轻"的民主国家，按照不丹的选举法规定，只要年满 18 岁的公民并在该选区居住超过一年都有投票权，但国民对参加民主选举、选择执政党并没有太大的热情。2008 年和 2013 年的大选很明显地反映出这一点。不丹人口大约 70 万，2008 年国民议会大选登记选民为 318465人，投票率为 79%；2013 年虽然登记选民人数为 381790 人，但是投票人数为 211018 人，投票率下降为 55%；2018 年第三次国民议会选举，注册选民人数为 438663 人，参加投票的人数为 313473 人，投票率猛增至 71%。[①] 为方便民众投票，2013年大选在全国 20 个宗都设立了投票站、流动投票点。首轮选举中共有 182518 人亲自前往全国的 865 个电子投票机上投票。另外，这次选举还允许使用邮寄选票的方式投票以提升选民参与选举的热情，邮递选票达到了 108580 张，[②] 在本次选举中可谓发挥了重要作用[③]。除此以外，2018 年伊始，不丹选举委员会便开始积极准备选举所需的人力物力，2018 年 2 月选举志愿者队伍的选拔、培训正式启动，先后两轮的选举干部培训为2018 年大选做了充分的人员配备，从而推进选举工作顺利进行。

---

① 参见美国国际选举基金会网站"选举指南（Election Guide）"提供的数据，http：//www. electionguide. org/elections/id/3117/.

② "Declaration of the Results of The Third Parliamentary Elections 2018：Primary Round of the National Assembly"，http：//www. ecb. bt/？p＝6211.

③ 印度媒体称本次邮寄投票数约为 11.4 万张，占总票数的 36% 左右，https：//indianexpress. com/article/explained/simply-put-new-pm-new-challenges－5422530/.

（2）女性候选人当选数量激增成为选举的亮点

2018 年相关数据显示，不丹女性人口为 382861 人，占人口总数的 47%。① 受不丹封建文化的影响，不丹妇女获得有收入的工作机会较少，缺乏经济自主权，加之 95% 以上的妇女是文盲，又从事艰苦的传统农业耕作，② 所以不丹妇女政治参与率只有 8.3%。据统计，35.7% 的妇女对参政根本不感兴趣，50% 的妇女因教育水平问题而被排除在政治之外③。能满足不丹议员资格要求的女性更是少之又少。2008 年不丹第一次议会选举，上院国家委员会 25 名议员中 6 名为女性，下院国民议会 47 名议员中有 4 名女性。而 2013 年，国民议会选举时女性议员的数量锐减，11 名女性参选者只有 3 人入选。之后，不丹政府注重培养妇女的政治参与热情，如在联合国妇女署的帮助下，不丹政府不断推进 "2010—2013 年妇女帮扶""鼓舞不丹女孩：创造新一代领导人" 等计划。随之，妇女参政的热情和当选的比率也大大提高。2018 年国民议会大选，94 名候选人中有 10 名女性候选人，最终 7 人当选，女性候选人当选率达到 70%，远远超过了 2013 年大选 27% 的比率。

（3）年轻的"社会主义"政党成为赢家

不丹第一、第二届议会选举是由不丹繁荣进步党与不丹人民民主党担任执政党与反对党。然而，在 2018 年的议会选举中前执政党人民民主党在第一轮竞选中便被淘汰，第二轮选举中前在野

---

① "Bhutan Population", https：//countrymeters. info/en/Bhutan.

② "Status of Women in Bhutan", http：//www. oocities. org/bhutanwomen/statuswomen. html.

③ 参见不丹选举委员会与国际民主和选举援助研究所于 2015 年 12 月 31 日就第一届选举论坛发布的《妇女参政》报告，http：//aceproject. org/ero-en/regions/asia/BT/bhutan-women-in-politics-report-of-the－1st.

党不丹统一党击败前反对党不丹繁荣进步党，赢得议会中30个席位，而它的对手繁荣进步党只获得了17个席位。与曾有过执政经历并有着王室血统的人民民主党和繁荣进步党不同，不丹统一党在第三届议会选举中不仅是第一次胜出，且它是由平民组成的非皇族政党。2012该党改为现名称，之前的名称为"不丹社会民主党"。不丹统一党现任领导人洛泰·策林（Lotay Tshering）曾在孟加拉国和澳大利亚接受过高等教育，是一位拥有博士学位的泌尿外科医生。洛泰·策林在2018年5月的改组中成为该党领导人，并决定进军2018年的大选，也正是在这个历史节点上①，该党更名为以"人民为中心"作为施政理念，以"桃花"为竞选符号的具有社会主义性质的"不丹统一党"。

2. 不丹大选结果的原因分析

（1）前执政党政绩平平

前执政党人民民主党五年的执政过程中坚持"国民幸福总值"的执政理念，在其领导下不丹的经济保持着8%左右的增长速度，但是经济发展可持续性较弱，缺乏工业生产能力，对外依赖度高，尤其是对印度的依赖，因而外债也很高。2016年不丹公共债务为23.4亿美元，自2015年以来增加了4亿美元。这意味着，2016年不丹债务占GDP的比例达到109.99%，比2015年的95.68%上升了14.31个百分点。2016年不丹人均债务为2933美元，较上一年度上升了443美元②。2017年，不丹债务相当于GDP的108.6%；根据世界银行当年的数据，该国

① 不丹统一党于2018年5月5日即马克思诞辰200周年的日子决定更为现名，学术界有着各种不同解释。参见 Druk Nyamrup Tshogpa, "A new party in a new avatar", https：// thebhutanese. bt/druk-nyamrup-tshogpa-a-new-party-in-a-new-avatar/.

② "Bhutan National Debt", https：//countryeconomy. com/national-debt/bhutan.

80%的外债（相当于 GDP 的 77%）来自水电项目的贷款，其中大部分贷款是由印度提供的。新德里也是不丹水力发电的最大买家。从经济发展的依存度来看，水力发电占不丹 GDP 的 14%，水电收入占政府收入的 27%。[①]

（2）民生问题才是民众关注的热点

吸取 2013 年大选的教训[②]，2018 年大选选举委员会规定各政党竞选中禁止谈论国际"敏感话题"。2018 年大选中有 5 名候选人和其支持者因谈论所谓的"敏感话题"而受到选举委员会的处罚[③]。第二轮选举中不丹统一党与繁荣进步党也达成了协议，拒绝以国际敏感问题作为竞选的话题。因而，2018 年大选的所有竞选宣言都集中在国内问题上。

人民民主党执政的 5 年间，不丹的 GDP 达到了 8% 的增幅，但是民众尤其是广大山区农村人民生活质量没有相应地得到提升，社会的不公问题愈加明显。据估计，不同行业之间的收入差距达到相当惊人的水平，如采矿业的收入超过全国平均收入水平的 1.7 万倍。[④] 在这种背景下，相对于人民民主党的"团结、稳定、繁荣"与繁荣进步党寻求国家独立自主的竞选口

---

① "Churn in the Neighbourhood: Bhutan New PM, New Challenges", https://indianexpress. com/article/explained/simply-put-new-pm-new-challenges – 5422530/.

② 2013 年大选前夕，印度宣布停止对不丹的家用煤气和柴油补贴。印度在不丹大选的关键时刻这么做一方面造成不丹与印度的关系紧张，另一方面使不丹国内卢比供应紧张，煤气与柴油价格上涨，居民生活不便。虽然目前没有直接的证据证明印度的行为与不丹大选结果有着直接关联，但是此举达到了印度想要的结果。印度总理辛格之后向获胜的不丹人民民主党领导人表示祝贺，称印度将继续和不丹保持一种"特殊关系"。

③ "Bhutan may woo China with India's blessings", http://www.bhutannewsnetwork.com/2018/10/bhutan-may-woo-with-indias-blessings/.

④ "Churn in the Neighbourhood: Bhutan New PM, New Challenges", https://indianexpress. com/article/explained/simply-put-new-pm-new-challenges – 5422530/.

号，不丹统一党提出的解决不丹国内收入、医疗、教育等领域不平等问题的竞选口号显得更加亲民。

不丹是最不发达国家之一，它的基础设施落后，医疗条件艰苦，尤其是在偏远的农村地区，医疗、教育等方面的软硬件都更加落后，而生活在首都廷布的人民享有全国最好的医疗资源和特权。相比较而言，"住在偏远村庄的普通村民在到达公路前必须步行很远的距离。他们可能要花两三天才能到达廷布。医院的排队、酒店费用和交通的艰难状况都是难以想象的。贫穷的村民在得到和普通城市居民一样的待遇之前经历了很多困难"。① 因此，作为医生的不丹统一党领导人更加关注适当加薪、改善偏远农村地区的卫生基础设施、帮扶单身母亲、建立妇女小型合作社和提升青年就业机会等计划。这些计划迎合了农村基层人民的需求和期望。

（3）不丹统一党洛泰·策林的亲民魅力

洛泰·策林从2014年至2018年担任不丹国王的基都医疗队（Kidu medical unit）的队长，深入到不丹边远地区为基层民众提供医疗服务。2017年，他被国王授予"杜克西"（不丹的"心脏之子"）勋章。洛泰·策林经常在工作之余以医生的身份作客不丹广播电台②，为不丹民众讲授健康知识，因而为不丹人民所熟知。大选前他作为不丹统一党的领导人更是走访了全国205个窝③，充分地了解民情之后制定了自己的竞选宣言。

----

① "Bhutan Politics: Surprises and Suspense before Third Election", http://www.bhutan-newsservice.org/29242-2/.

② 也称为"不丹广播服务"（BBS），是隶属于不丹王国政府的一家国家电视广播机构。

③ "窝"是不丹最小一级的行政机构，相当于"村"。

再者，不丹统一党得到了尼泊尔族人的支持是其胜出的重要原因。不丹74万多人口中大致可以分为以下几类民族：德鲁克帕族（Drukpa）、沙尔乔普族（Sharchhops）、洛沙姆帕族（Lhotshampas）和几个土著民族。① 洛沙姆帕族即不丹的尼泊尔族，曾经是不丹的第二大民族。20世纪90年代，不丹政府开展公民身份识别，使超过十万的尼泊尔族人被驱逐出不丹，沦为国际难民。这一政策不仅使不丹尼泊尔族人口数量锐减，同时也激起了尼泊尔族人对政府的敌视情绪。可以说，就民族情感而论，尼泊尔族人并不愿意支持不丹的非本族政党，尤其是前执政党和反对党，但代表尼泊尔族的不丹人民党和不丹共产党都是不被政府承认的非法组织。

从政党竞选的视角来看，为尼泊尔族代言，争取该民族的民族利益在不丹是非常敏感的问题。洛泰·策林既是不丹统一党的领导人也是一名来自南部选区的候选人，他试图通过文化的共同性来争取这一特殊的选民团体。

2013年竞选时，不丹统一党就提出，包括受《公民法》影响的尼泊尔族在内的各个民族平等地享有矿产等自然资源。2018年竞选中，策林在南部地区的竞选演讲中有意识地使用尼泊尔语，以便与当地尼泊尔族人拉近距离，他把统一党对全国各民族文化的尊重和保护作为自己的竞选承诺。另外不丹统一党还承诺建设南部地区的诸如缆车、水运系统等基建项目。除此之外，不丹统一党在竞选宣言中还提出在南部地区建设护士学校，发展南部地区的教育和改善卫生条件等，来吸引选票。最终策林和他的统一党成功地让本已

---

① 杜敏、李泉：《不丹尼泊尔族民族问题的根源论析》，《世界民族》2018年第5期。

远离政治的尼泊尔族人变成自己的支持者。从大选的最终结果来看，繁荣进步党的 17 个席位全部来自于东部地区，而不丹统一党则横扫了西部和尼泊尔族人聚居的南部地区。

（4）不丹统一党队伍强大

2013 年不丹大选之后，不丹统一党砥砺奋进，加强组织建设，吸引底层人民来不断扩大组织队伍。经过 5 年时间，即 2018 年大选前夕不丹统一党已经成为党员最多影响力也最大的一个政党。根据亚洲发展银行的统计，不丹依旧有 8.2%[①]的人口生活在贫困线以下。而这部分人主要集中在农村地区，因而不丹统一党每年 50 努的党费标准对吸纳党员来说也有着一定的吸引力。相比较而言，不丹昆尼安党的党费是每人每年 500 努，人民民主党则达到了每人每年 1200 努。尽管遭受了 2013 年大选的失利，不丹统一党现今已经成为党员人数最多的政党，达到 11383 人，而人民民主党、繁荣进步党和昆尼安党分别只有 5520、4705 和 1215 名成员。[②]

---

① "Poverty in Bhutan", https：//www. adb. org/countries/bhutan/poverty.
② "Party fund and membership details released", http：//www. bbs. bt/news/? p = 102621.

第 五 章

不丹新政权前景与发展困境

第一节　不丹新政府未来内政外交的
施政方向与前景

一　以民生建设为经济发展的重心

不丹统一党能获得大多数民众支持并最终胜出，从根本上来说是由于该党准确地把握了不丹国内的民生焦点问题。人民民主党执政的五年时间，不丹脱贫工作有了很大的进展，贫困人口数量从 2012 年的 12% 下降到了 8.2%，降幅接近 4%，但是不丹依旧被联合国列为低收入国家，有 2.2% 的就业人员每天的购买力达不到 1.9 美元。① 不丹的失业率 2016 年、2017 年都保持在 2.5% 的水平，与近 20 年的失业率比较，没有

---

① 资料来源于亚洲发展银行官方网站公布的 2018 年的数据信息，https://www.adb.org/countries/bhutan/poverty.

太大变化。[①] 在众多的失业群体中，还存在着城乡、性别之间的结构性差异。根据 2018 年不丹政府发布的关于《2030 年可持续发展议程》执行情况的国家自查报告，不丹的失业人口有 93% 在农村地区，而女性失业人数要比男性高出 0.3%。[②] 另外，不丹目前的基础设施条件还很落后，国内没有铁路、机场，甚至没有自动取款机。居民出行，尤其是生活在农村的居民平均需要花费 30 分钟时间才能到达最近的柏油马路。此外，不丹由于缺乏工业基础，经济发展又过于依赖印度，国内的经济主要依赖于水电项目，这些都对不丹在经济自主性方面形成掣肘。

2018 年 11 月 8 日，策林宣誓就职，成为不丹民主改革后的第三任首相。2018 年 11 月 3 日，不丹政府公布了包括反对党在内的一支年轻化并致力于改革的 10 人内阁。新首相明确表示将会致力于改变国家贫困的面貌，缩小收入差距。[③] 此外，新首相在竞选时就提出了一个"2045 愿景"。大选胜出后，策林表示将会成立一个专门的委员会来制定"2045 愿景"计划。按照策林的看法，该愿景将会努力培育私营企业，促进矿业、农业、服务业等领域的产业发展，改变过度依赖水电的单一经济结构。新政府还将改革国内政策促进国外直接投资，扩大国内市场，提升国民消费能力；努力缩小收入差距，并力争在 5 年内消除

---

① 从 1995 年到 2017 年，不丹的平均失业率为 2.56%，在 2010 年达到了 4% 的历史新高，在 1997 年达到了 1.15% 的历史新低。参见 "Bhutan Unemployment Rate"，https：//tradingeconomics. com/bhutan/unemployment-rate.

② 参见 2018 年不丹政府发布的《2030 年可持续发展议程》执行情况自查报告，https：//www. gnhc. gov. bt/en/wp-content/uploads/2018/07/VNR_Bhutan_July2018. pdf.

③ "Meet the new Cabinet"，http：//www. kuenselonline. com/meet-the-new-cabinet/.

贫困，等等。①

对未来不丹的经济发展，新一届政府似乎信心满满。但是它不得不面对严峻的国内经济形势与综合国力较弱的现实情况。一方面，不丹面临国内经济建设巨大资金缺口和高负债率②；另一方面，不丹的国民经济发展动力主要集中于水电行业，经济结构性矛盾突出情况短时期不会有太大改变。不丹统一党需要立足于本国捉襟见肘的经济实力，去优化经济结构，满足 70 多万民众对"幸福生活"的追求，挑战巨大。

二　继续塑造多元化的外交关系

2008 年不丹完成民主改革之后，依旧保留了皇权，并且国家外交、安全等方面的重大事务是由国王直接管理的。因而，即使新首相上任，也不会在这些方面有大的变革。但值得注意的是，摆脱对印度的依赖，成为一个完全的主权国家一直是不丹各届领导人的夙愿。自从不丹独立后，一直"被"保持着与印度的"特殊"关系。尽管不丹在 1971 年加入了联合国，但 1949 年与印度签订的《永久和平与友好条约》让不丹很难成为完全独立的主权国家。获得本国的独立主权地位一直以来是不丹各届领导人外交事务中的重中之重。印度的"殖民主义"思

① SonamYangdon, "A look at DNT's Economy pledges", https: //thebhutanese. bt/a-look-at-dnts-economy-pledges/.

② 1996 年到 2017 年，不丹政府债务占 GDP 的比例平均为 75.03%，在 2016 年达到了 118.60% 的历史新高，2017 年，不丹的政府债务虽然有所回落但依旧处在相当于该国国内生产总值 108.64% 的高位。"Bhutan Government Debt to GDP", https: //tradingeconomics. com/bhutan/government-debt-to-gdp.

维和"门罗主义"让不丹心存芥蒂，特别是"印度1971年武装肢解巴基斯坦、1975年公开吞并锡金以后，不丹对自己的前途深感忧虑，唯恐步锡金的后尘，丧失主权，成为印度的一个邦"。[①] 伴随着印度对不丹外交、内政等方面的控制，不丹国内一直在为争取完全的主权地位而不断进行斗争。2008年民主改革之后的不丹更是如此，2013年印度通过燃油补贴干涉不丹大选，激起了不丹国内对印度的反感情绪。2018年大选，选举委员会决定禁止各竞选政党利用国际敏感话题来影响大选。此外，2018年大选中不丹前反对党繁荣进步党提出了独立自主的竞选口号，并获得了远远超过前执政党的良好选票业绩，反映出了民众对国家成为真正的主权国家，融入国际社会的关切度。目前不丹已经与世界上53个国家建立了外交关系，但是还未与联合国安理会的5个常任理事国中的任何一个国家建立外交关系。不丹统一党新一届政府在外交上必然会继续争取"完全"主权，相信执政党与反对党繁荣进步党在这一问题上也会达成共识。从印度的国家利益来看，它不会轻易放弃自己在不丹的影响力，也不会愿意让不丹的外交问题脱离自己的控制。2018年大选刚尘埃落定，印度总理莫迪就与策林通电话表示祝贺，并且承诺向不丹提供50亿卢比的援助。印度在大选之后开始通过经济手段影响不丹的内政，不丹问题上的大国博弈，印度已经蓄势待发。相应地，策林也于2018年12月底对印度进行了国事访问，以示不丹与印度之间的"特殊关系"。

从国内即将开始的经济发展规划和"2045愿景"社会发展

---

① 朱在明、唐明超、宋旭如编著：《列国志·不丹》，社会科学文献出版社2004年版，第99页。

理念来看，不丹的改革需要向世界各国学习经验，吸引资金，而不能仅仅依赖印度的支持。2018 年 11 月 18 日，策林会见到访的印度代表团时表示，不丹不会因五年一届的新政府的变更而改变外交政策。这表明不丹需要去维系与印度的"传统友谊"，但它依旧需要与世界各个国家保持关系。毕竟 2018 年大选第一轮就淘汰了亲印度的前执政党人民民主党的前车之鉴还历历在目。[①]

第二节　不丹"国家安全"政策实施的评价

一　政治改革的问题突出

政治安全是国家安全的集中体现，不丹的政治改革是王国维护国家安全的重要举措，也是不丹走向现代化的一大亮点。在不丹"主动式"民主的背后，政治变革依旧存在着根深蒂固的问题。

（一）权力转移的有限性

在民主改革后的制度设置中，不丹国王的权力受到一定的限制。民主政治改革后的不丹国王依旧是国家的象征，并代表国家进行国际友好交往。在不丹政治现代化进程中，不丹国王的权力改革是改革的核心因素。20 世纪 50 年代第三世国王吉格梅·多吉·旺楚克以三权分立的政治制度模式设立国家机关

---

① "New Bhutan government's attitude towards India is not clear", https: //www. orfon-line. org/research/new-bhutan-governments-attitude-towards-india-is-not-clear－45171/.

时，为王权的存续留下了巨大的空间。第三世国王在设立最高法院时，把最终的诉讼裁定权力留给了自己，并且国王还有提名法官的权力。这一情况在当前不丹后君主时代也没有彻底改变，按现在的两院制度，上院（国家委员会）中25名成员中的5名依旧是由国王提名的。

2008年通过的不丹第一部成文宪法，对国王的权力进行了明确的规范，将原先国王拥有的行政、立法、司法大权转让给了相应的职能部门。但是这次改革中的权力让渡也没有做到完全、彻底，王权依旧能够干预、制约行政、立法、司法权力。按照目前不丹宪法第2条第15款规定：不丹国王的权威是神圣不可侵犯的，他可以就法庭的指控，对自己的行为不承担责任。此外，民主政治改革后的不丹国王依旧享有对行政、立法、司法干预的权力。如新宪法赋予了国王可以解雇总理或解散内阁，并召开特别会议的权力；他还拥有部分立法的权力，包括有权阻止议会两院通过的法案，有批准新的法律的权力；国会不能修改任何宪法中国王拥有的权力，如果要修改只能通过全民投票的形式来进行，等等。[1]

（二）政治参与的有限性

不丹的民主政治改革并不是在民众极力要求变革的呼声中应运而生的。不丹的开明君主以"国民幸福总值"作为国家发展理念，对内推动民族、政治稳定，保护环境，推行免费医疗和教育政策，对外寻求独立自决，从而为不丹人民的社会生活注入了新的幸福感。在这个相对闭塞，且社会冲突并不严重的

---

① Enrico D'Ambrogio, Bhutan And Its Political Parties, November 27, 2014. 4 Comments, https：//epthinktank. eu/2014/11/27/bhutan-and-its-political-parties/.

内陆国家，民主政治这一全新的事物并没有受到国内民众的关注。2008 年和 2013 年的大选很明显地反映出这一点。不丹人口大约 70 万，2008 年大选登记选民为 312817 人，参与投票的登记选民人数为 165962 人，投票率为 53.05%；2013 年虽然登记选民人数较 2008 年增加了 6700 人，但是投票率却只有 45.15%。

表 5—1 2008 年和 2013 年不丹大选民众参与情况

登记选民			投票结果					
			电子投票人数			投票站投票人数	总计	投票率（%）
男性	女性	总计	男性	女性	总计（A）	（B）	（A＋B）	
国民会议 2008 选举								
133452	135885	312817			161220	4742	165962	53.05
国民会议 2013 选举								
187020	192799	379819	70099	77438	147537	23967	171504	45.15

资料来源：不丹选举委员会官方网站。

不丹国民似乎更易于接受君主制，对西方民主制度并没有表现出特别的热情，这一点从女性在政治生活中的参与度可窥一斑。不丹新宪法规定女性与男性有着平等的政治权利。但是事实上，在两次大选中，女性选民人数及投票人数都较少（如表 5—1 所示）。不丹人口的性别比例比较均衡，截止到 2016 年在所有人口中男性为 419746 人，女性为 372835 人。[①] 受文化、宗教、政治等因素影响，妇女参政的比率与男性相比严重失衡。

---

① Bhutan Population, http://countrymeters.info/en/Bhutan#population_2017.

从 2008 年和 2013 年的两次大选来看，妇女被提名及被选入国民会议甚至是地方政府的比率都低于 8%。在 2008 年的大选中国民会议 25 名成员中只有 4 人为女性，2013 年的国民会议选举中的 67 名候选人中只有 5 名女性当选。[①]

（三）政党政治的不成熟

不丹的政党历史发展略早于不丹的民主政治改革。现已经在不丹选举委员会注册的政党，包括 2013 年开始执政的不丹人民民主党、2008 年选举上台的前执政党繁荣进步党、2018 年上台的不丹统一党，以及其他两个非参政党——民主社会主义党和昆尼安党。

从产生的历史来看，这些政党都是伴随着不丹的政治改革应运而生的。2013 年执政的不丹人民民主党成立于民主改革前夕即 2007 年 3 月 24 日。它的创始人是原不丹皇家政府的总理、农业部部长桑杰·盖杜普。2013 年国民议会的反对党不丹繁荣进步党也是成立于 2007 年，它合并了之前的全民党和不丹统一人民党。2013 年大选之前，选举委员会登记的另外三个政党也都是成立于当年。

2008 年不丹举行民主政治改革以来的第一次全国大选，可以说，参加竞选的政党是应选举而生，因而这种"临时性"的政党政治也必然存在着种种缺陷。其一，政党在执政理念上缺乏独立的意识形态指导，只能依附于不丹王国的"国民幸福总值"理念，并将其作为指导原则。其二，按照目前不丹的宪法与选举法的规定，议会是两党制结构，且选举法规没有对竞选

---

① Study of the Determinants of Voter's Choice and Women's Participation in Elective Offices in the Kingdom of Bhutan, http://www.ecb.bt/rnp/women.pdf.

失败的各党派在非选举阶段的活动作出规定。选举法规只谈到了注册、登记方面的事务以及政党在选举期间的行为，[①] 因而在非选举时期，败选的政党实际上处于无权状态，对社会生活的影响力严重缺失。不丹民主社会主义党主席莉莉·旺楚克（Lily Wangchhuk）评价不丹民主改革后的政治体制说：不幸的是，在不丹，政党选举失败之后，没有政治和社会地位，作为一个能够促进民主发展的组织，其重要作用并不被认可。[②] 其三，体制外的政党很难进入不丹的民主政治生活中。2008 年大选，代表尼泊尔族利益但不被政府承认的不丹人民党向选举委员会提出参加竞选的申请，结果被不丹政府拒之门外，所以两次大选中都没有尼泊尔语政党参与。

二 主权"完全独立"难以实现

不丹在寻求自己的民族独立进程中，印度一直是一个最重要的因素。长期以来，不丹在经济、社会发展等方面也越来越依赖印度。印度对不丹的能源外交、文化渗透等方面的影响力也开始延伸到不丹的政治生活中。1949 年印度与不丹签订《永久和平与友好条约》，把不丹的外交置于印度的指导下，不丹以牺牲外交独立、经济自主来换取民族独立、安全以及印度对不丹的经济支持。不丹与印度之间虽然是自由贸易，但是这是不对等的自由贸易。如 1949《永久和平与友好条约》的第 5、

---

① DIPD（Danish Institute for Parties and Democracy），Bhutan: To exist or not, November 5, 2013, http: //dipd. dk/2013/11/bhutan-to-exist-or-not/.

② DIPD（Danish Institute for Parties and Democracy），Bhutan: To exist or not.

第 6 条还规定不丹只能通过印度进口军火及军工装备。2007 年这些条款被废除，但印度对不丹在外交问题上的"指导"被强化。

2013 年 7 月 13 日，不丹举行民主制以来的第二次议会选举，反对党人民民主党以压倒性优势胜出，击败执政党繁荣进步党。这次选举结果被认为是印度打击不丹"亲中派"的结果，同时也证明了不丹的政治稳定无法摆脱印度的影响。印度在 2013 年的不丹大选中以经济手段达到了影响不丹政治格局的效果。

（一）用经济补贴影响选民

在 2013 年的大选前，印度宣布停止对不丹的民用燃气和柴油补贴，以此来影响不丹大选的走向。印度在不丹大选的关键时刻停止对不丹的家用煤气和柴油补贴，一方面造成了不丹与印度的关系紧张，另一方面使不丹国内卢比供应紧张，煤气与柴油价格上涨，居民生活不便。① 虽然目前没有直接的证据证明印度与不丹大选有着直接关系，但是此举达到了印度想要的结果。印度总理辛格在大选后向不丹人民民主党领导人表示祝贺时说，印度将继续和不丹保持一种"特殊关系"。②

（二）通过经济援助计划支持反对党上台。

2013 年 7 月的不丹历史上第二次大选，人民民主党从反对党的身份扭转乾坤转变为第二届政府的执政党。它的胜出引起了舆论界的广泛猜测。有媒体称上届政府的反对党人民民主党

---

① Bhutan's opposition party scores upset win, http：//www. aljazeera. com/news/asia/2013/07/2013713125727754144. html.

② 《不丹"亲近中国"政党选举失利下台》，《环球时报》2013 年 7 月 15 日，ht-tp：//news. sina. com. cn/w/2013 - 07 - 15/023527667660. shtml.

获得印度 50 亿卢比的经济刺激计划的基金支持。① 而印度总理辛格只是在大选尘埃落定之后，向媒体公开表示愿意就援助不丹的经济刺激计划展开讨论。②

三 意识形态和民族文化的统一性问题依旧存在

"国民幸福总值" 的理念在不丹发挥着意识形态的作用。因此，"国民幸福总值" 成了国家政权的一个 "机关"，"保护自己的共同利益，免遭内部和外部的侵犯"③，即它只是维系国家政权的一种手段。在不丹民族冲突的背景下，"国民幸福总值" 的确发挥了社会稳定器的作用，但是这也仅仅是掩盖了社会矛盾，转移了不丹国内矛盾视角的意识形态塑造而已，"国民幸福总值" 统辖下的民族文化统一性建构依旧存在许多问题以及面临来自各方面力量的质疑。

除了活动于尼泊尔境内的不丹非法组织不丹人民党公开反对 "国民幸福总值" 外，执政党在该意识形态上也存在分歧。2013 年大选获胜的不丹首相托布杰（Tshering Tobgay）虽然没明确反对 "国民幸福总值"，但他对前政府领导人过度渲染 "国民幸福总值" 价值观的做法颇有微词。他认为过去过度宣传 "国民幸福总值"，使得政府无暇去解决国内的社会问题和

---

① Sangey of HaaWangcha, The after effects of Indian intervention in Bhutan Election, http://www.kuenselonline.com/forums/topic/the-after-effects-of-indian-intervention-in-bhutan-election/.

② 《不丹 "亲近中国" 政党选举失利下台》，《环球时报》2013 年 7 月 15 日，http://news.sina.com.cn/w/2013-07-15/023527667660.shtml.

③ 《马克思恩格斯选集》第 4 卷，人民出版社 2012 年版，第 259 页。

矛盾。所以，政府应当着眼于解决当前的失业、贫穷、腐败等问题。[1] 人民民主党政府在解决国内民族问题方面做出了很多努力，截止到 2017 年，尼泊尔难民营中的 10 万多难民已经有 92323 人即 85% 得到了第三国安置。[2]

---

[1]　Fox News, "Bhutan's new Prime Minister is a 'Happiness' sceptic", August 01, 2013, http://www. foxnews. com/world/2013/08/01/bhutan-new-prime-minister-is-happiness-sceptic. html.

[2]　The Himalayan Times, "Where in US, elsewhere Bhutanese refugees from Nepal resettled to", February 06, 2017, https://thehimalayantimes. com/nepal/where-in-earth-have-been-bhutanese-refugees-from-nepal-resettled/.

参考文献

一　中文文献

1. 著作

刘胜湘主编：《国际政治学导论》，北京大学出版社 2010 年版。

《马克思恩格斯选集》（第 4 卷），人民出版社 2012 年版。

杨毅主编：《国家安全战略理论》，时事出版社 2008 年版。

朱在明、唐明超、宋旭如编著：《当代不丹》，四川人民出版社
　1999 年版。

［不丹］多杰·旺姆·旺楚克：《秘境不丹》，熊蕾译，九州出
　版社 2012 年版。

［加］威尔·金利卡：《多元文化的公民身份》，马莉、张昌耀
　译，中央民族大学出版社 2009 年版。

［美］罗伯特·O. 基欧汉：《局部全球化世界中的自由主义、权
　力与治理》，门洪华译，北京大学出版社 2004 年版。

［印度］拉姆·拉合尔：《现代不丹》，四川外语学院《现代不
　丹》翻译组译，四川人民出版社 1976 年版。

［英］艾伦·韦尔：《政党与政党制度》，谢峰译，北京大学出

版社 2011 年版。

2. 期刊论文

杜敏、李泉:《不丹尼泊尔族民族问题的根源论析》,《世界民族》2018 年第 5 期。

杜敏、李泉:《不丹 2018 年大选:特点、原因与未来走向》,《南亚研究季刊》2018 年第 4 期。

刘普、林毅:《政治安全与政治体制改革》,《红旗文稿》2011 年第 15 期。

王建娥:《民族冲突治理的理念、方法和范式》,《中央民族大学学报》(哲学社会科学版)2014 第 6 期。

徐平:《年西藏人民抗英斗争及其历史意义》,《西藏大学学报》(汉文版)2004 年第 3 期。

杨思灵:《不丹反政府组织及武装:现状、趋势及影响》,《东南亚南亚研究》2010 年第 3 期。

虞崇胜、李舒婷:《政治安全视野下的反腐倡廉制度建设》,《理论探讨》2012 年第 2 期。

二 外文文献

Arif Hussain Malik, Nazir Ahmad Sheikh, "Changing Dynamics of Indo-Bhutan Relations: Implications for India", *International Journal of Political Science and Development*, Vol. 4 (2), pp. 44 – 53, February 2016.

"Bhutan-A Growing Minority", *Economic and Political Weekly*, Vol. 9, No. 26, Jun. 29, 1974.

Brian C. Shaw, "Bhutan in 1991: 'Refugees' and 'Ngolops'", *Asian Survey*, Vol. 32, No. 2, 1992.

Dankwart A. Rustow, "Transitions to Democracy: Toward a Dynamic Model", *Comparative Politics*, Vol. 2, No. 3, Apr., 1970.

David Zurick, "Gross National Happiness and Environmental Status in Bhutan", *Geographical Review*, vol. 96, no. 4, 2006.

Lloyd J. Dumas, "Economic Power, Military Power, and National Security", *Journal of Economic Issues*, Vol. 24, No. 2, Jun., 1990.

Marian Gallenkamp, "Democracy in Bhutan An Analysis of Constitutional Change in a Buddhist Monarchy", Institute of Peace and Conflict Studies Research Papers, March 2010, http://www.ipcs. org/issue_ select. php? recNo = 344.

Mathew Joseph C., "Political Transition in Bhutan", *Economic and Political Weekly*, Vol. 41, No. 14, Apr. 8 – 14, 2006.

Michael Hutt, "Bhutan in 1996: Continuing Stress", *Asian Survey*, Vol. 37, No. 2, 1997.

Michiel Baud and Willem Van Schendel, "Toward a Comparative History of Borderlands", *Journal of World History*, Vol. 8, No. 2, 1997.

Nari Rustomji, *BHUTAN: The Dragon Kingdom in Crisis*, Oxford University Press, 1978.

Rosalind Evans, "The Perils of Being a Borderland People: on the Lhotshampas of Bhutan", *Contemporary South Asia*, Vol. 18, 2010.

Stefan Priesner, "Bhutan in 1997: Striving for Stability", *Asian Survey*, Vol. 38, No. 2, A Survey of Asia in 1997: Part II (Feb. , 1998), pp. 155 – 160.

Syed Aziz-al Ahsan and Bhumitra Chakma, "Bhutan's Foreign Policy: Cautious Self-Assertion?" *Asian Survey*, Vol. 33, No. 11, Nov. , 1993, pp. 1043 – 1054.

Tashi Wangchuk, "The Middle Path to Democracy in the Kingdom of Bhutan", *Asian Survey*, Vol. 44, No. 6, November/December, 2004.

Thierry Mathou, "Political Reform in Bhutan: Change in a Buddhist Monarchy", *Asian Survey*, Vol. 39, No. 4, Jul. – Aug. , 1999, pp. 613 – 632.

Thierry Mathou, "BHUTAN: Political Reform in a Buddhistmonarchy", *Bhutan Studies*, March 1999.

Yumiko Suenobu, Management of Education Systems in Zones of Conflict-Relief Operations-A Case-Study in Nepal, the UNESCO Principal Regional Office for Asia and the Pacific , Thailand, 1997.

后　记

现在与大家分享的《不丹的政治变迁与构建》一书是我多年来关注不丹，研究不丹政党政治及其发展的成果总结。

国内对不丹问题研究较多，但对不丹国家政党政治、国家安全等问题涉及很少，而且起步较晚。学术界对不丹的研究往往侧重于不丹"国民幸福总值"、国际关系、民族问题。当然，也有对不丹进行系统性介绍的著作，如朱在明、唐明超、宋旭如编著的《列国志·不丹》《当代不丹》，彭筱军女士著的《不丹幸福的真相》等。总的来说，在不丹的学术研究方面，政党政治问题研究略显薄弱，成果较少。

2015年云南大学马克思主义学院成立南亚东南亚马克思主义理论传播研究中心，我负责不丹与斯里兰卡的左翼政治研究。不丹的政党政治研究得到了制度与经费上的保障。尤其是在国内尼泊尔左翼政党研究专家袁群教授的助力下，对不丹的国别研究更加明确了方向。

数年前，我曾撰写、发表了有关不丹政党政治、民族问题研究的学术文章。2018年《不丹尼泊尔族民族问题的根源论析》和《不丹2018年大选：特点、原因与未来走向》相继发表，2019 年我的论文《不丹国家安全治理的政策演变与重构》有幸入选四川大学南亚研究所李涛老师主编的《南亚地区发展报告（2018—2019）》。在这些学术积累的基础上，《不丹的政治变迁与构建》最终得以成书。

在不丹的国别研究以及《不丹的政治变迁与构建》书稿撰写的过程中，得到了四川大学南亚研究所李涛老师给予的大力支持，在此也表示衷心的感谢！

本书撰写与书稿修改中得到了中国社会科学出版社编辑老师的鼎立支持，才使本书得以顺利出版。

作者

2020 年 10 月 17 日